KB148249

정치
권력의
교체

정치 권력의 교체

초판 1쇄 발행일 2017년 4월 10일

지은이 우장균
펴낸이 박희연
대표 박창흠

펴낸곳 트로이목마
출판신고 2015년 6월 29일 제315-2015-000044호
주소 서울시 강서구 양천로 344, B동 449호(마곡동, 대방디엠시티 1차)
전화번호 070-8724-0701
팩스번호 02-6005-9488
이메일 trojanhorsebook@gmail.com
페이스북 https://www.facebook.com/trojanhorsebook
네이버포스트 http://post.naver.com/spacy24

(c) 우장균, 저자와 맺은 특약에 따라 검인을 생략합니다.
ISBN 979-11-87440-20-8 (03340)

이 도서의 국립중앙도서관 출판시도서목록(CIP)은 e-CIP 홈페이지(http://nl.go.kr/ecip)와 국가자료공동목록시스템(http://nl.go.kr/kolisnet)에서 이용하실 수 있습니다. (CIP제어번호:2017007576)

* 책값은 뒤표지에 있습니다.
* 잘못된 책은 구입하신 곳에서 바꾸어 드립니다.

한미 양국의 정권 교체 역사로 본
민주주의 정치미학

정치
권력의
교체

| 우장균 지음 |

머리말

나는 곧 치르게 될 2017년 대한민국 대선이 정권 교체 선거가 되길 바라는 마음으로 이 책을 썼다.

박근혜 대통령의 탄핵이 확정된 날. 2017년 3월 10일 이 글을 출판사에 맡기면서, 탄핵 확정보다 더 중요한 것은 정권 교체라 생각한다.

왜 정권 교체가 중요한가? 선거를 통한 평화적 정권 교체가 가능한 나라가 민주주의 국가이기 때문이다.

'대한민국은 민주공화국이다. 대한민국의 주권은 국민에게 있고, 모든 권력은 국민으로부터 나온다.'

언제 들어도 가슴이 벅차오르는 헌법 제1조는 선거를 통한 평화적 정권 교체가 가능할 때 비로소 구현될 수 있다. 민주적인 선거제도가 있어도 오랜 기간 정권 교체가 되지 않는다면 민주주의 국가가 아니라 1당 독재 국가에 불과하다.

민주주의는 차선(次善)을 선택하는 예술이다. 최선을 선택하겠다는 것은 선한 독재를 꿈꾸는 것이다. 스스로를 최선이라고 생각하는 정치인이 있다면 그는 이미 독재의 맹아(萌芽)에 불과하다. 또한 자신이 생각하는 최선의 대통령 후보가 없다는 것을 핑계로 투표를 포기한다면, 그는 민주시민이길 포기하고 독재자의 노예가 되길 선택한 것이다. 최선의 후보가 없다면 차선의 후보나 차악(次惡)의 후보를 선택해야 한다.

민주주의는 선거를 통한 정권 교체에서 시작한다. 그래서 정권 교체 선거 역시 차선을 선택하는 예술이라 할 수 있다. 대한민국 대다수 국민들의 예상과 달리 2016년 미국 국민들은 막말을 일삼았던 인종차별주의자 도널드 트럼프Donald Trump를 대통령으로 선택했다. 미국이 트럼프를 선택한 이유는 그가 최선은 될 수 없지만 힐러리 클린턴Hillary Clinton에 비해 차선이나 차악이라고 생각했기 때문이다. 미국 시민들은 민주당 오바마Barack Obama에게 8년의 기회를 주었으나 별로 나아진 것이 없다고 판단했다. 그래서 정권 교체라는 차선을 선택한 것이라 생각한다.

나는 2008년 10월부터 2014년 12월까지 YTN 해직기자였다. 언론 자유를 위해 애쓴 것이 죄가 되어 어느 날 갑자기 해직을 당했다. 복직은 4년이 넘는 송사 끝에 대법원 판결을 통해 이루어졌다.

그러나 후생가외(後生可畏)인 노종면, 조승호, 현덕수 3인은 이명박, 박근혜 정권 10년째 거리의 기자로 남아있다. 정치 교체를 주장한 박근혜 정권은 적어도 언론인 탄압에 있어서는 이명박 정권과 쌍둥이였다. 2017년 대선이 정권 교체 선거가 되지 못한다면 그들은 또 다시 5년 동안 거리를 헤맬 수 있다. 민주주의는 언론의 자유에서 시작한다. 정권이 언론인을 해직시키며 언론을 길들이려 한다면 결코 민주주의가 아니다.

나는 미국 연수과정 중에 이 책을 썼다. 해직기자들이 SNS로 올린 촛불집회 참석 사진을 태평양 건너 낯선 땅에서 보며 한없이 미안하고 부끄러웠다. 염치없지만 민주주의를 사랑하는 촛불 시민들에게 이 책을 바치고 싶다.

2017. 3. 10. 대통령 탄핵 확정일에
콜롬비아 미주리대학에서

우장균

차례

PART 1

차선의 선택,
정권 교체

CHAPTER 1

정권 교체의
핵심 키워드,
변화

변화의 길목을 지킨 사업가 도널드 트럼프,
미국 대통령이 되다

주류 언론들은 그의 당선을 예상하지 못했다.

2016년 11월 8일 화요일, 45대 미국 대통령을 선택하는 날.

CNN은 민주당 대선후보인 힐러리 클린턴의 당선 확률이 91%로 높아졌다고 보도했다. CNN 대선 예측 프로그램은 힐러리의 당선 확률이 한 주 전 78%에서 대선 하루 전날인 7일 91%로 급상승했다고 분석했다. 〈뉴욕타임스〉도 힐러리 당선 확률이 84%라고 보도했다.

워싱턴과 뉴욕이 있는 미국 동부시각 저녁 6시, 개표가 시작됐다. 9시간 뒤 11월 9일 새벽 3시, 힐러리 클린턴은 도널드 트럼프에게 전화를 걸었다.

"당선을 축하합니다."

트럼프의 당선은 대이변이었다. 그의 당선을 예측하지 못한 미국 언론과 여론조사기관들은 집단적인 충격 상태에 빠졌다.

트럼프는 정치 입문에서부터 이변을 몰고 왔다. 트럼프가 대통령에 출마할 것이라고 생각한 사람은 거의 없었지만, 그는 국회의원이나 주지사 같은 정치 경력 없이 바로 공화당 대통령 후보 경선에 뛰어들었다. 워싱턴 주류 정치인 대다수가 트럼프는 예비 경선을 통과하지 못할 것이라 예상했지만, 그는 에이브러햄 링컨Abraham Lincoln의 정당, 공화당의 대통령 후보가 되는 이변을 연출했다. 그리고 마침내 조지 부시 대통령 이후 8년 만에 공화당에 정권을 안겨주었다.

당선 예측 오보 이틀 뒤, CNN은 트럼프 당선 이유 24가지를 보도했다.

소셜미디어의 영향력 확대도 트럼프를 당선 시킨 이유 가운데 하나였다. 1년 넘게 선거 운동을 하면서 70세 트럼프는 69세 힐러리보다 소셜미디어로 직접 네티즌들과 소통하며 자신의 의견을 개진했다.

프랭클린 루스벨트Franklin Loosebelt는 라디오를 잘 이용해 성공한 대통령이 됐다. 루스벨트는 1789년 초대 대통령 조지 워싱턴George

Washington 이후 유일하게 4번 대통령에 당선된 인물이다. 대공황 암흑기 속에서 루스벨트는 라디오에 나와 마이크를 잡고 사자후를 날리는 대신 난롯가에서 옆에 있는 친구들에게 정담을 나누 듯 연설을 했다. 노변(爐邊) 담화 덕분에 루스벨트는 4선 대통령의 전설로 남게 됐다.

존 F. 케네디John F. Kennedy는 TV를 잘 이용해 대통령이 됐다. 1960년 케네디는 아이젠하워Dwight Eisenhower 대통령과 함께 8년간 부통령을 한 리처드 닉슨Richard Nixon과 맞붙었다. 대통령 선거 중반 여론조사는 경험 많은 닉슨이 앞서 가고 있었다. 케네디는 그러나 대통령 선거 최초의 TV토론에서 역전의 기회를 잡았다.

1960년은 흑백텔레비전 시대였다. 케네디는 햇볕에 그을린 건강한 피부색깔의 얼굴 분장을 하고, 스튜디오 세트 색깔과 잘 조화를 이룬 짙은 색깔의 양복을 입고 등장했기 때문에 텔레비전을 통해 이미지를 높이는 데 성공했다. 반면 닉슨은 마지막까지 TV토론의 내용을 준비하다 급하게 메이크업을 했다. 생방송 TV토론이 진행되던 오후 5시, 닉슨의 얼굴에 얼룩이 생겼다. 케네디보다 좋지 않은 인상이었던 닉슨이 더욱 초췌해 보였다. 닉슨이 입고 나온 옅은 회색 양복은 스튜디오 색깔과 구별이 되지 않아 실제 그의 나이보다 더 늙어 보이게 만들었다.

케네디는 43세에 대통령이 된다. 트럼프는 그보다 27세 많은 70세에 대통령이 된다. 히스패닉이나 여성 등 사회적 약자에게 막말을 일삼아 고리타분한 꼰대로 보였던 트럼프. 그는 대통령 당선의 열쇠가 되는 미디어 변화의 흐름을 잘 파악해 SNS를 적극 활용했다.

부패한 정치와 경제 시스템에 대한 반감도 트럼프 당선의 이변을 낳았다. 많은 유권자들은 미국의 정치 체계가 부패할 대로 부패했다고 보고, 배짱 좋은 정치 아웃사이더인 트럼프만이 흔들림 없이 정치 개혁을 단행할 적임자라고 판단했다.

트럼프는 자신에게 적대적인 주류 언론에 의존하지 않고 국민과 직접 소통했다. 트럼프는 기성 정치로부터 소외됐다고 느끼는 국민들의 목소리를 듣고 이들을 대변했다. 물론 트럼프가 귀를 기울인 목소리의 주인공은 주로 일자리 위협을 받고 있는 백인 노동자들이었다. 기득권에 대한 반감이 심한 유권자들은 당연히 트럼프에게 표를 줬다.

트럼프는 유명 방송인 출신이지만 연예인 등 유명인을 선거에 적극 활용하지 않았다. 반면 힐러리는 오바마에서 연예인까지 초호화 군단과 함께 막판 대세 몰이를 벌였다. 힐러리는 선거 이틀 전 6일, 경합 주의 한 곳인 오하이오 주 클리블랜드를 찾아 유세에 나섰다. 이날 찬조 연사는 프로농구(NBA) 클리블랜드 캐벌리어스Cleverland Cavaliers의 르브론 제임스Lebron James였다. 르브론은 마이클 조던 이후 최고의 농구 스타다. 힐러리는 앞서 4일에도 클리블랜드에서

팝 디바 비욘세Beyonce와 유세를 펼쳤다. 그러나 힐러리는 오바마가 승리했던 오하이오 주에서 패배했다.

힐러리가 대스타들과 함께 유세를 벌일 때, 트럼프는 '나 홀로 유세'를 하며 언론의 관심 밖에 있는 사람들을 챙겼다. 트럼프는 오하이오 주 노동자 밀집 지역을 발로 뛰며 유세했다. 주류 사회에서 소외된 유권자들은 트럼프 지지로 엘리트 계층에 일종의 복수를 한 셈이다.

부동산 재벌 트럼프는 보수정당인 공화당의 대통령 후보였다. 미국에는 다양한 보도전문 채널이 있는데, 대표적으로 진보성향의 CNN, MSNBC와 보수성향의 FOX뉴스가 있다. 트럼프는 선거기간 내내 진보성향 언론뿐 아니라 보수성향 언론과도 사이가 좋지 않았다.

FOX뉴스는 8년 내내 오바마 대통령을 괴롭힌 보수 방송이다. 오바마가 하는 것이라면 무엇이든 트집을 잡아 반대하는 방송이었다. 우리나라에서 조선, 중앙, 동아 이른바 '조중동'이 노무현 대통령을 괴롭힌 것에 뒤지지 않을 정도였다.

그런데 트럼프는 왜 FOX뉴스와 사이가 좋지 않았을까? FOX뉴스는 공화당 후보 경선에서 트럼프를 밀지 않았다. 정치 경험이 없고 막말을 일삼는 트럼프가 대통령 후보가 되면 민주당 후보에게 패배할 것이 확실하다고 판단했기 때문이다. 그렇게 되면 8년 만에 보수로의 정권 교체가 물 건너가게 된다.

부동산 재벌이 되게 해준 동물적 감각으로 민심의 변화를 읽고 있었던 트럼프. 그에게 FOX뉴스와 같은 보수언론은 워싱턴의 공화당 주류 정치인과 같은 기득권 세력이었다. 정작 자신이 금수저를 물고 나온 기득권 세력이었지만, 트럼프는 대통령이 되기 위해 완벽한 포퓰리스트가 됐다.

'FOX, 너희가 나를 가볍게 본다면, 굳이 너희 도움은 필요 없다!'

트럼프는 FOX뉴스 유명 앵커 메긴 켈리Megyn Kelly에게도 막말을 서슴지 않았다.

2015년 8월 6일. FOX뉴스 주최 1차 공화당 후보 토론회가 열렸다. 여기서 금발의 미녀 앵커 켈리는 트럼프의 과거 여성 비하 막말이 미국 대통령이 되고자 하는 사람의 태도로 적절했는지 묻는다. 트럼프는 켈리의 질문에 곤혹스러워 하다, '정치적 올바름'에 대해 한마디 한다. "정치적으로 올바르다고 생각하는 것 때문에 정작 해야 할 일을 못해 미국이 지금 위기에 처해 있다."고 말한다. 트럼프는 켈리 앵커에게 섭섭한 마음을 토로하며 토론회에서 논쟁을 접는다.

"메긴은 이렇게 나를 푸대접해왔다. 나는 그동안 당신에게 좋게

대했지만 앞으로는 그렇지 않을 수도 있다."

이 경고는 바로 현실이 됐다. 트럼프는 CNN과의 인터뷰에서 켈리의 공격적인 질문 태도를 꼬집으면서 켈리의 "눈에서 피가 나왔다."고 묘사했다. 여기까진 괜찮았는데 한발 더 나아가 피가 "여러 군데서(wherever) 나왔을 것"이라며 여성의 생리 현상을 연상시키는 발언을 해 시청들을 당혹스럽게 했다. 2주 뒤엔 자신의 트윗을 통해 켈리를 '빔보(bimbo)'라고 비웃었다. '빔보'는 '예쁘지만 머리가 나쁜 여자를 폄훼하는 비속어'로 대통령 후보가 방송에 나와 쉽게 할 말은 아니다.

트럼프의 이런 막말은 대부분 계산된 막말이었다. 세상살이 만사가 불만인 미국 국민은 '정치적 올바름' 때문에 아무 말도 못하는 워싱턴 주류 정치인들에게 불만이 많았다. 트럼프의 막말을 들으며 속으로 가장 시원하다고 생각한 사람들은 40대 이상 백인 남성들이었다. 이들은 오바마가 승리한 2008년과 2012년 두 번의 대통령 선거보다 2016년 선거에 더 많이 투표장에 나왔다. 트럼프는 여성 앵커 켈리에게 막말을 퍼부어 거의 모든 언론은 물론 공화당 내부에서도 호된 비난을 받았지만, 자신의 지지층을 결집시켜 최후의 승리자가 됐다.

유리천장은 왜 깨지지 않았나?
변화 없는 대세론의 종말

"존경하는 국민 여러분! 저는 또 다시 국민 여러분의 신임을 얻는 데 실패했습니다. 저는 이것을 저의 부덕의 소치로 생각하며 패배를 겸허한 심정으로 인정합니다."

1992년 12월 19일 김대중의 대선 승복 연설 앞부분이다. 스물아홉 살 KBS 프로듀서였던 나는 TV로 대선 개표 방송을 지켜보다 이 대목에서 눈물을 흘렸다. 김대중은 세 번째 국민의 신임을 얻는 데 실패했고, 나는 1987년에 이어 두 번째 정권 교체의 희망이 무너지는 쓸쓸함을 맛보았다.

"선거 기간 중 저에게 신념을 불어넣어준 젊은 여성들께, 당신의 '챔피언'이 될 수 있어 너무나 자랑스러웠습니다. 이번에 우리는 가장 높고 단단한 유리천장[1]을 깨뜨리지 못했지만, 언젠가는 누군가, 어쩌면 지금 생각하는 것보다 훨씬 빠른 시일 내에, 그 일을 해내리라 믿습니다. 그리고 이 순간을 지켜보고 있는 소녀들에게도 당부 드립니다. 여러분은 소중하고 강하며, 자신의 꿈을 추구하고 이루기 위해 모든 가능성과 기회를 누려야 할 마땅한 존재입니다."

2016년 11월 9일 힐러리 클린턴 대선 승복 연설의 하이라이트 부분이다. 이 대목에서 실내를 가득 메운 지지자들 상당수가 울음을 터뜨렸다. 남편 빌 클린턴도 눈물을 훔쳤다.

힐러리는 2008년 경선 패배 연설에서 "유리천장을 깨지는 못했지만 1800만 개[2]의 균열을 냈다."는 명언을 남겼다. 그리고 8년 후 민주당 대선후보를 따낸 2016년 7월 전당대회에선 "난 이제까지 중 유리천장에 가장 큰 균열을 냈다."고 했다.

---

1 유리천장 : 여성과 소수민족 출신자들의 고위직 승진을 막는 조직 내의 보이지 않는 장벽을 뜻하는 말로 '눈에 보이지는 않지만 결코 깨뜨릴 수 없는 장벽'이라는 의미로 사용되는 경제 용어
2 2008년 민주당 경선에서 힐러리 클린턴은 버락 오바마에게 패배했는데, 민주당 경선 참여 유권자 가운데 1,772만 명이 힐러리에게 표를 던졌다.

힐러리는 대선 승복 연설에서 구차하게 자신의 패배 원인에 대해 말하지 않았다. 힐러리는 그러나 유리천장을 다시 언급했다. '1,800만 개의 균열'과 '가장 큰 균열'을 내는 데까지는 성공했지만, 그녀에게 유리천장은 그만큼 높고 단단했다. 유리천장으로 상징되는 여성 차별은 힐러리 패배의 원인 가운데 하나이지만 가장 큰 원인은 아니다.

2000년과 2016년 미국 대선은 민주당 후보 입장에서 아주 중요한 2가지 평행이론이 있다. 둘 다 민주당 집권 8년 뒤에 치르는 대선이고 일반 유권자 투표에서는 민주당 후보가 이겼지만 선거인 투표에서 패배했다는 점이다.

최종 개표 결과 힐러리 클린턴은 48.2%의 득표율로 총 65,855,610표를, 도널드 트럼프는 득표율 46.1%로, 총 62,979,636표를 받은 것으로 확인됐다. 국민투표에서 힐러리는 트럼프보다 286만 표를 더 얻었다. 그러나 트럼프는 306명의 선거인을 확보한 반면, 힐러리는 232명에 그쳤다.

2000년 대선에서 앨 고어Al Gore는 48.4% 득표율로 총 50,999,897표를, 조지 부시는 47.9%의 득표율로 50,456,002표를 받았다. 국민투표에서 고어는 부시보다 54만 표를 더 얻었지만 선거인단투표에서 271 대 266으로 졌다.

국민투표에서 이기고 선거인단투표에서 지는 대통령 선거 방식

〈표 1-1〉 2016년 미국 대선

	힐러리 클린턴 (민주당)	도널드 트럼프 (공화당)	기타
남성 (47%)	41%	52%	7%
여성 (53%)	54%	41%	5%

〈표 1-2〉 2000년 미국 대선

	앨 고어 (민주당)	조지 부시 (공화당)	기타
남성 (48%)	43%	54%	3%
여성 (52%)	54%	44%	2%

은 오직 미국에서만 가능하다. 미국이 영국과의 독립전쟁에서 이긴 뒤 연방제를 채택하면서 대통령 선출 방식도 연방제의 정신을 따랐기 때문이다.

개표 결과 힐러리 클린턴과 고어의 또 하나의 공통점이 있다. 두 후보 모두 여성 득표에서는 크게 이겼지만, 남성 득표에서는 크게 졌다는 점이다.

2016년 대선 결과만 보면 여성 후보에게 불리한 높고 단단한 유리천장이 있는 것으로 보인다. 그러나 〈표1-2〉에서 보듯 앨 고어 역시 남성 유권자 표를 43%밖에 얻지 못했다.

미국 남성 유권자들은 오래 전부터 대통령 선거에서 공화당 후보를 선택했다. 1980년 미국 대선에서 남성 유권자 득표율을 보면, 공화당 후보 로널드 레이건Ronald Reagan 54%, 당시 현직 대통령이었던 민주당 후보 지미 카터Jimmy Carter 37%였다. 레이건과 카터의 17% 포인트 차이는 트럼프와 힐러리의 11%포인트 차이보다 6%포인트가 크다.

우리나라나 미국이나 정치, 경제, 사회 등 모든 분야에서 '성차별(sexism)'이 아직 존재하고 있다. 미국에서 1년 연수하면서 나는 우리보다 더 민주적이고 개방적인 미국 사회에 섹시즘이 의외로 깊숙이 뿌리박고 있다는 것을 느꼈다. 그러나 섹시즘이 2016년 미국 선거에 영향을 미친 것은 사실이지만 진보와 보수 이념 차이보다 더 크게 영향을 미쳤다고 보기는 어렵다.

반면 우리나라의 경우 2012년 박근혜 대통령 당선은 성차별로는 도저히 설명이 불가능하다. 한국 사회에서 성차별이 가장 강한 집단은 50대 이상 남성이다. 그런데 그 50대 이상 남성들이 압도적으로 여성 박근혜를 선택했다. 남성 후보 문재인이 있었는데도 말이다.

역사가 발전한다고 믿는 사람이라면, 성별에 관계없이 유리천장은 깨져야 될 대상이라고 생각하지 않을까?

세상이 바뀌고 유권자들의 마음도 변했지만 힐러리 클린턴은 크게 달라지지 않았다. 오히려 2008년에 비해 워싱턴 주류 정치 세계 속으로 빠져 들어갔다.

트럼프와 힐러리의 대립은 남성 정치인과 여성 정치인의 싸움이 아닌, 아웃사이더와 인사이더의 싸움이었다. 트럼프는 스스로를 워싱턴의 기득권 정치를 변화시킬 후보로 부각시킨 반면, 힐러리는 워싱턴 인사이더로서 현상 유지의 상징적 인물로 인식됐다. 그는 1992년 남편 빌 클린턴의 대통령 당선 이래 퍼스트레이디 8년, 상원의원 8년, 국무장관 4년 등 정치적으로 중요한 경륜을 쌓았다. 20여 년간 정·관계 요직을 쌓은 국정 경험은 대통령 후보로서 분명 장점이다. 그러나 민심의 변화를 읽지 못하고 유권자들에게 '자신이 왜 대통령이 돼야 하는지' 비전을 제시하지 못한다면, 오랜 국정 경험은 준비된 대통령이라는 양지에서 기득권 정치인이란 음지로 변한다.

정치인에게 가장 중요한 덕목 가운데 하나는 '신뢰성'이다.

힐러리는 국무장관 시절 보안 지침을 어기고 사설 이메일 계정으로 기밀사항을 주고받아 비난을 받았다. 2016년 6월 미연방수사국, FBI는 힐러리의 개인 이메일 사용과 관련해 '매우 부주의했다'는 수사 결과를 발표하지만 기소를 하지 않는다. 7월에 수사를 종결했던 FBI는 10월, 이메일 스캔들 재수사를 발표한다. 이로써 선거 막판 힐러리는 신뢰도에 큰 타격을 받는다.

FBI 재수사 전까지 지지율이 최대 두 자리 숫자까지 차이가 났지만, 이메일 스캔들에 다시 발목을 잡히면서 트럼프의 추격을 허용하게 된다. 유권자들이 의심한 것은 수사와 관련해 갈팡질팡 한 FBI가 아니라 정치인 힐러리였다.

'신뢰할 수 없다'는 힐러리의 부정적 이미지 때문에 히스패닉과 여성에 대한 막말, 성추문 스캔들 등으로 도덕성에 커다란 타격을 입은 트럼프와 큰 차이가 없게 된 것이다. 신뢰도에 금이 간 힐러리는 결국 8년 전 1,800만 개의 금을 낸 유리천장을 끝내 깨지 못했다.

힐러리는 금융 규제 등으로 월스트리트(Wall street)를 개혁한다는 공약을 내세웠지만, 실제로는 월가에 고액 강연료를 받고 월가 친화적인 강연을 했다. 이러한 이중성은 정치인의 신뢰도에 결정적인 타격을 가한다. 특히 월가의 상징인 골드만삭스로부터 세 번의 특강으로 8억 원을 받은 것은 힐러리의 특권층 이미지를 공고히 했다. 힐러리는 또 2001년 백악관을 떠난 이후 15년간 강연료 등으로 2,400억 원을 벌어들였다.

힐러리가 아무리 돈을 많이 벌어도 부동산재벌 트럼프보다 부자가 될 수는 없다. 그러나 유권자들은 선거날까지 힐러리는 '정치적 올바름'을 추구하는 정치인으로 봤고, 트럼프는 '위선적인 기성 정치'를 바꿀 수 있다면 막말을 해도 눈감아 줄 수 있는 성공한 기업

인으로 여겼다.

정치는 차선(次善)을 선택하는 예술이다. 이 말은 곧 '정치는 차악(次惡)을 선택하는 예술이다.'로 바꿀 수 있다. 2016 미국 대선은 차선이 아닌 차악을 선택했다. 유권자들은 재벌 트럼프의 천박한 인품보다 힐러리의 귀족적이고 부도덕한 이미지를 더 나쁘게 봤던 것이다.

힐러리는 2008년에 이어 2016년에도 대선 레이스에서 승리하지 못했다. 그러나 그는 유리천장에 6,006만 개의 균열을 냈다. 그는 286만 표를 더 얻었지만 우아하면서 쿨하게 트럼프의 손을 들어 주었다. 힐러리 덕분에 미국의 유리천장은 반드시 깨질 것이다. 100년의 시간이 흐르면 역사는 때때로 추잡한 승자보다 우아한 패자를 그리워할 테니까.

하늘의 별을 볼 수 있게 해준 정치인,
사회주의자 샌더스

"대학 등록금은 계속 올라서 이제는 우리 자식들을 대학에 보내기 어려워졌습니다. 우리 부모님 세대에게는 열심히 노력하면 대학에 갈 수 있다는 믿음이 있었습니다."

우리나라 이야기가 아니다. 2016 민주당 경선을 완주한 버니 샌더스Bernie Sanders가 30년 전인 1985년에 한 말이다. 2016년 OECD 자료를 보면, 미국이 전 세계에서 대학 등록금이 가장 비싼 나라로 나타났다. 사립대 평균 2,500만 원, 공립대는 평균 970만 원이었다. 우리나라 공립대는 미국과 일본에 이어 세계 3위, 사립대는 미국 다음인 세계 2위의 고액 수업료를 자랑하고 있다. 우리나라 공립대

등록금은 평균 550만 원, 사립대는 평균 1,000만 원으로 조사됐다.

"개천에서 용이 태어날 수 있다."는 말은 부자나 가난한 사람이나 모든 이에게 배움의 기회가 주어질 수 있는 사회일 때 가능하다. 대학생이 주경야독(晝耕夜讀) 아르바이트를 하며 돈을 벌어도 등록금조차 내기 어렵다면 개천에서 용이 날 수 있다는 최소한의 희망마저도 사라지게 된다.

정치인 샌더스는 30년 전 자신이 한 말을 잊지 않았다. 그는 대통령에 출마하면서 최저임금 2배 인상, 공립대학 등록금 면제, 단일 의료보험 공약을 내걸었다.

힐러리는 이런 공약의 재정 계획이 명확하지 않다며 경쟁자 샌더스를 비판했다. 힐러리는 그러나 민주당 대선후보로 지명된 뒤 샌더스의 공약을 빌렸다. 힐러리 클린턴은 선거 막판 버니 샌더스와 공동유세를 펼쳤다. 그는 대학생들이 막대한 부채에서 벗어날 수 있도록 공립대학 등록금을 무료로 하겠다고 밝혔다.

1941년생 버니 샌더스는 오래된 정치인이다. 그는 트럼프보다 다섯 살 많고 힐러리보다 여섯 살 많다. 언론은 샌더스가 혜성처럼 등장한 정치인이라 말하고 있지만, 그는 정치에 입문한 1972년부터 상록수처럼 늘 같은 색깔을 내고 있었다. 뉴욕 브루클린에서 가난한 페인트 판매원의 아들로 태어나 시카고대학의 학생운동과 인종차별 철폐 운동, 시민운동에 몸을 담고 1981년 버몬트 주 벌링턴 시장에 출마하여 단 10표 차이로 당선된 이후, 시장 4선, 연방 하원 의원 8선, 연방 상원의원 2선을 역임하고 있다. 샌더스는 민주적 사회주의자(democratic socialist)를 표방하며 민주·공화 양당 체제와 거리를 둔 무소속 정치인으로 일관되게 중산층과 빈곤층, 노동자 계층과 소수자들을 대변해왔다.

트럼프는 민심의 변화를 읽은 뒤 정치에 입문해 포퓰리즘으로 인기를 얻은 반면, 샌더스는 40년 넘게 사회주의 소신과 원칙을 갖고 있었는데 민심이 변하면서 그에게 열광한 것이다.

민심의 변화는 어떻게 샌더스 열풍을 일으켰나?

소득 불평등이 갈수록 심해지면서 미국 국민들의 불만은 한계치에 도달했다. 미국은 OECD 34개국 중 소득 불평등이 가장 심한 국가가 됐다. 특히 2008년 금융 위기 이후 중산층이 몰락하면서 '부익부(富益富) 빈익빈(貧益貧)' 현상은 더욱 악화됐다.

미국은 1930년대 대공황 위기 때 민주당 프랭클린 루스벨트를 선택한다. 루스벨트는 '뉴딜정책'으로 경제 위기를 극복한다. 샌더스의 정치공약은 뉴딜정책보다 크게 진보적이지 않았다. 그러나 1980년대부터 미국을 중심으로 불기 시작한 신자유주의 바람은 샌더스의 정치이념을 급진좌파로 몰고 갔다. 민주당 대통령 빌 클린턴과 버락 오바마도 신자유주의 바람에 갇혀 부익부 빈익빈 현상을 개선하지 못했다.

신자유주의 체제에서 미국은 경제의 중심이 산업자본에서 금융자본으로 완전히 넘어간다. 자동차 산업의 메카 디트로이트와 철강 산업의 중심지 피츠버그는 쇠락하고, 금융 산업이 모여 있는 뉴욕 월스트리트만 돈 잔치를 벌였다. 동서고금을 막론하고 돈과 정치는 물과 물고기의 관계다. 정치권이 탐욕에 찌든 월스트리트 금융기관을 개혁해야 하는데, 미국 워싱턴 정가는 이미 월스트리트의 포로가 되어 있었다. 공화, 민주 거물급 정치인들은 월스트리트로부터 거액의 정치헌금을 받고 있었다.

워싱턴의 정치인들이 은행을 규제하자고 말로만 목소리를 높이고 있을 때, 월스트리트의 로비를 받지 않은 샌더스가 투기 금융자본에 세금을 부과해 미국 중산층과 노동계층을 보호하겠고 나섰다. 워싱턴 주류 정치가 해결하지 못하는 국민의 불만을 무명 정치인 샌더스가 혈혈단신(孑孑單身) 해결할 수 있다고 나선 셈이다. 밑바닥 경제가 나빠지면 밑바닥 민심부터 변한다. 미국의 유권자들이 뒤늦게 사회주의자 샌더스의 등을 밀어주기 시작했다.

샌더스 열풍은 사회주의 불모지 미국에도 의미 있는 사회주의 정당의 출현을 예고하는 것이었을까? 20세기 이후 자본주의의 초강대국으로 자리 잡은 미국은 일찍부터 자본주의의 단점이 드러났다. 불평등한 소득분배율, 높은 범죄율, 낮은 수준의 복지는 미국 자본주의의 어두운 그늘이다.

그러나 개인주의, 성취 지향적 가치관, 높은 책임감, 자원봉사 문화 등 미국 특유의 긍정적인 문화가 유럽 선진국에 있는 사회주의 정당이 미국에는 없는, '미국 예외주의'[3]를 낳았다. 200년 넘게 이어온 미국의 정치문화가 쉽게 바뀌지는 않을 것이다. 그러나 변하지 않는 것은 없다. "모든 것은 변한다."는 철칙(鐵則)만이 변하지 않을 뿐이다.

"대기업 CEO가 그 기업 노동자 연봉의 500배가 넘는 연봉을 받으면서도, 노동자를 많이 해고할수록 더 많은 상여금을 받는 것이 있을 수 있는 일입니까?"

"미국에서 가장 부유한 0.1%, 그러니까 불과 30만 명이 하위 1억 5,000만 명보다 많은 소득을 벌어들이고 있습니다."

"부자들은 막대한 세금을 감면받지만, 가난한 사람 200만 명은 노숙을 하는 것이 현실입니다."

---

3 《미국 예외주의─미국에는 왜 사회주의 정당이 없는가 (American Exceptionalism, 1996)》세이무어 마틴 립셋 지음, 후마니타스

샌더스가 무명 정치인 시절 수십 년 동안 언론과 의회에 나와 수백 번 한 말들이다. 미국 중산층들에게 이런 말들은 '불편한 팩트(fact)'였다. 가난한 사람이 노숙을 하는 것은 국가나 정부 책임이 아니라 개인의 게으름 때문이라고 여겼다. 자신의 CEO 연봉이 500배가 넘어도 자신의 일자리만 있다면, 그 불편한 진실을 자신의 손으로 가리고 싶어 했다. 그런데 일자리가 사라지고 중산층이 붕괴되면서 '미국 개인주의'가 애써 외면했던 불편한 진실이 수면 위로 떠올랐다.

2016 미국 대선에서 신성(新星)처럼 등장한 샌더스는 민주당 경선에서 패배하며 대통령이 되지 못했다. 패배했지만 샌더스는 미국의 정치뿐 아니라 경제, 사회, 문화에 혁명적 변화의 물결을 일으켰다. 특히 샌더스에 대한 젊은 세대의 지지는 트럼프와 힐러리를 압도했다. 특히 1980년부터 2000년 초반까지 출생한 밀레니얼 세대의 샌더스 지지율은 82%까지 치솟았다.

단테의《신곡》을 보면 지옥 입구에 이런 간판이 걸려 있다.

"이곳에 들어오는 자, 모든 희망을 버려라!"

젊은이들이 밤하늘에서 별을 볼 수 없는 세상, 희망이 없는 사회가 바로 지옥이다. 샌더스 덕분에 미국의 젊은이들은 어둠 속에서 별을 볼 수 있었던 것이다. 그리고 그에게 열광적인 지지를 보낸 젊은이들이 있기에 미국은 아직 희망이 있다.

대통령제와 정권 교체

2차 세계대전 이후 1948년부터 2016년까지 한국은 19번(4대 대통령 선거가 두 번 치러짐), 미국은 18번의 대통령 선거가 있었다. (〈표 1 - 3〉, 〈표1 - 4〉 참조) 68년 세월 동안 한국과 미국 두 나라가 치른 대통령 선거의 횟수는 비슷하지만 형식과 내용은 큰 차이가 있다.

대통령 중심제는 미국에서 시작됐다. 미합중국(United States of America)의 역사는 대통령제의 역사와 같다. 1776년 영국의 식민지로부터 독립하면서 미국은 영국의 의원내각제와 다른 제도를 추구했다. 미국은 국민의 선거에 의해 국가의 상징적 권위와 실질적 통치권을 지닌 대통령을 선출해 그들 나름의 독특한 정치제도를 만들었는데, 이것이 대통령제의 시초가 되었다. 의원내각제는 국민에 의해 구성되는 것은 의회뿐이므로 일원적인 민주적 정당성을

〈표1-3〉 역대 대한민국 대통령 선거 결과

대별	선거일	당선인	선출방법
초대	1948년 7월 20일(화)	이승만	국회 선출
2대	1952년 8월 5일(수)	이승만	직접 선출
3대	1956년 5월 15일(화)	이승만	직접 선출
4대	1960년 3월 15일(화)	이승만	직접 선출
4대	1960년 8월 12일(금)	윤보선	국회 선출
5대	1963년 10월 15일(화)	박정희	직접 선출
6대	1967년 5월 3일(수)	박정희	직접 선출
7대	1971년 4월 27일(화)	박정희	직접 선출
8대	1972년 12월 23일(토)	박정희	통일주체국민회의 선출
9대	1978년 7월 6일(목)	박정희	통일주체국민회의 선출
10대	1979년 12월 6일(목)	최규하	통일주체국민회의 선출
11대	1980년 8월 27일(수)	전두환	통일주체국민회의 선출
12대	1981년 2월 25일(수)	전두환	대통령선거인단 선출
13대	1987년 12월 16일(수)	노태우	직접 선출
14대	1992년 12월 18일(금)	김영삼	직접 선출
15대	1997년 12월 18일(금)	김대중	직접 선출
16대	2002년 12월 19일(목)	노무현	직접 선출
17대	2007년 12월 19일(수)	이명박	직접 선출
18대	2012년 12월 19일(수)	박근혜	직접 선출

가지는 데 반해, 대통령제는 2원적인 민주적 정당성의 구조를 지니고 있는 것이 특징이다.

미국은 대통령제를 시작했을 뿐만 아니라 대통령제를 성공적으로 정착시켰다는 평가를 받고 있다. 그러나 미국 이외의 나라에서 대통령제는 아직 뿌리를 깊게 내리지 못하고 있다. 2016년 말 기준 OECD 34개국 가운데 대통령제를 채택한 나라는 한국, 미국, 멕시코, 칠레 4개국뿐이다. 유럽 일부 선진국에 대통령이 있긴 하지만 대통령보다 총리가 실권을 갖고 있다. 비교적 대통령에 강력한 권한을 부여하는 프랑스 역시 대통령제와 의원내각제가 공존하는 이원집정부제를 채택하고 있다.

한국, 멕시코, 칠레는 OECD 국가이지만 20세기까지 독재 대통령이 있었다. 독재 대통령은 대통령제의 어두운 그늘이다. 특히 지구 정반대편에 위치한 한국과 칠레는 아주 비슷한 대통령제 역사를 갖고 있다.

박정희와 피노체트. 이 두 사람은 군사 독재자 대통령이었다.

박정희는 1961년 5월 16일 쿠데타를 일으켜 1979년 10월 26일 죽을 때까지 18년 동안 독재를 했고, 아우구스토 피노체트^{Augusto Pinochet}는 1973년 9월 11일 유혈 쿠데타에 성공해 1990년 3월까지 17년간 독재를 했다. 박정희는 4·19혁명으로 탄생한 민주정부 제2공화국을 무너뜨렸고, 피노체트는 국민선거에 의해 출범한 남미 첫 사회주의 정권을 탱크와 폭격기를 동원해 짓밟았다. 쿠데타군이 칠레 대통령 궁을 폭격하는 과정에서 의사 출신 살바도르 아옌데^{Salvador} Allende 대통령은 의문의 죽음을 맞는다. 박정희와 피노체트는 강력한 반공주의를 국시로 내세워 미국의 지지를 얻는다. 또 이들은 반공을 내세워 고문과 인권 탄압, 사법 살인을 저질렀다. 박정희가 죽었을 때 한국을 제외하고 전 세계에서 유일하게 관공서에 조기를 걸게 한 나라가 칠레다. 피노체트 장군은 쿠데타 12년 선배 박정희 장군을 평소 자신의 롤모델로 삼았다.

미국은 44대 오바마까지 독재 대통령의 역사는 없다. 역대 미국 대통령이 모두 민주주의를 사랑했기 때문이 아니다. 전쟁을 통해 영국으로부터 독립하면서 대통령제를 채택했고, 피를 흘리며 쟁취한 미국식 민주주의가 정치제도와 사회문화에 뿌리내렸기 때문이다.

인간의 자유의지가 확대되는 역사의 발전 과정에서 왕정은 공화정으로 대체됐다. 왕정에서 모든 임금이 세종이 되길 바라는 것은 어리석은 일이다. 세종의 DNA를 물려받은 후손 중에 연산군 같은 임금은 반드시 나오게 되어 있다. 대통령을 잘못 뽑으면 다음 선거를 통해 정권을 교체하면 되지만, 폭군이 한번 등극하면 혁명이나

〈표1-4〉미국 대통령 선거 결과(1950년 이후)

연도	당선자	낙선자	정권교체 여부
1948년	해리 트루먼 (민주당)	존 듀이 (공화당)	
1952년	드와이트 아이젠하워 (공화당)	아들라이 스티븐슨 (민주당)	정권교체 선거
1956년	드와이트 아이젠하워	아들라이 스티븐슨	
1960년	존 케네디 (민주당)	리처드 닉슨 (공화당)	정권교체 선거
1964년	린든 존슨 (민주당)	베리 골드워터 (공화당)	
1968년	리처드 닉슨 (공화당)	허버트 험프리 (민주당)	정권교체 선거
1972년	리처드 닉슨	조지 맥거번 (민주당)	
1976년	지미 카터 (민주당)	제럴드 포드 (공화당)	정권교체 선거
1980년	로널드 레이건 (공화당)	지미 카터 (공화당)	정권교체 선거
1984년	로널드 레이건	월터 먼데일 (민주당)	
1988년	조지 부시 (공화당)	마이클 두카키스 (민주당)	
1992년	빌 클린턴 (민주당)	조지 부시 (공화당)	정권교체 선거
1996년	빌 클린턴	밥 돌 (공화당)	
2000년	조지 W. 부시 (공화당)	앨 고어 (민주당)	정권교체 선거
2004년	조지 W. 부시	존 케리 (민주당)	
2008년	버락 오바마 (민주당)	존 메케인 (공화당)	정권교체 선거
2012년	버락 오바마	밋 롬니 (공화당)	
2016년	도널드 트럼프 (공화당)	힐러리 클린턴 (민주당)	정권교체 선거

반정을 겪지 않으면 바로 잡을 수 없다.

역사학자들이 뽑은 미국 최악의 10대 대통령에 리처드 닉슨이 단골손님으로 꼽힌다. 최악의 10대 대통령은 조사할 때마다 내용이 조금씩 다른데, 닉슨이 빠지는 경우는 거의 없다. 공화당 대통령 닉슨은 민주당 대통령 선거 관련 사무실을 도청한 '워터게이트 사건'으로 불미스럽게 임기 중 하야한 첫 대통령이다. 그러나 닉슨이 하야한 이유는 불법 도청을 지시한 형사 책임 때문이 아니라 도청 사건과 관련해 거짓말을 했기 때문이었다.

최근 우리나라의 박근혜-최순실 사건에서 보듯, 거짓말은 또 다른 거짓말을 낳게 돼 있다. 닉슨이 만약 우리나라 대통령으로 워터게이트 같은 사건에 연루됐다면 그의 성품으로 미루어봤을 때 결코 자발적으로 하야하지 않았을 것이다. 좋은 정치제도와 사회 문화가 나쁜 대통령이 나올 확률을 줄이는 것이다.

중앙선거관리위원회 자료를 보면 우리나라는 제4대 대통령이 두 명 존재한다. 그러나 1960년 3·15부정선거는 인정되지 않아 한국의 제4대 대통령은 이승만이 아니라 윤보선이다.

한국의 경우 19번 대선 가운데 실질적으로 두 번의 정권 교체 선거가 있었다. 1997년에 치러진 대선이 헌정사상 첫 수평적 정권 교체다. 처음으로 보수에서 진보로 정권 교체가 된 것이다. 사실 김대중, 노무현 정권은 진보 정권이라기보다 중도보수 또는 자유주의 정권에 가깝다. 그러나 중도보수 또는 자유주의 정권이란 개념이 일반적으로 익숙하지 않아 진보 정권이란 용어를 사용했다. 미국의 민주당 역시 진보 정당이라고 말하기 어렵고 자유주의 정당(liberal party)에 가깝다. 그러나 정권 교체의 의미를 분명하게 하기 위해 공화당은 보수 정당으로 민주당은 진보 정당으로 분류하겠다.

한국에서 첫 수평적 정권 교체는 사실 1997년 대선이 아니다. 1960년 4·19혁명으로 자유당 정권이 몰락하고 헌정사상 첫 정권 교체가 이뤄진다. 윤보선이 1960년 8월 국회에서 대통령으로 선출되지만 제2공화국은 대통령 중심제가 아니라 내각책임제를 채택했다. 따라서 제2공화국의 출범은 단순한 정권 교체라기보다 정치체제 교체라 할 수 있는데, 박정희가 채 1년도 되지 않아 군사 쿠데타를 일으키며 헌정이 중단돼 그 빛이 바랬다.

미국은 1948년 이후 2016년까지 치른 18번의 대통령 선거 가운데 9번 정권 교체를 선택한다. 8번 정권 연장 대선 가운데 현직 대통령이 7번 당선됐다. 한 번 예외는 아버지 조지 부시[4]의 당선이다.

....

4   아버지 조지 하버트 워커 부시(George H. W. Bush)와 43대 대통령 아들 조지 워커 부시 (George W. Bush)는 성과 이름이 같다. 미국 책에서는 '시니어 부시', '주니어 부시'라는 표현을 많이 쓰는데, 우리나라에서는 '아버지 부시', '아들 부시'를 보다 많이 사용한다.

아버지 부시는 레이건 정부에서 8년 동안 부통령을 지낸 뒤 바로 대선에 출마해 당선되는 기염을 토했다.

이전 부통령이 곧바로 대통령이 되는 정권 연장 대선은 2차 세계대전 이전에는 제법 있었지만, 1950년 이후에는 아버지 부시가 유일하다. 아이젠하워 정부에서 8년 동안 부통령을 지낸 리처드 닉슨은 1960년 40대 초반의 젊은이 존 F. 케네디에 역전패 당했고, 빌 클린턴 정부에서 부통령을 지낸 앨 고어는 아들 부시에게 국민투표에서는 이기고 선거인단투표에서 패해 대통령 자리를 내주었다.

1950년 이전 정권 연장 선거는 멀리 가지 않고 1948년 대선에서 찾을 수 있다. 프랭클린 루스벨트가 죽은 뒤 대통령을 승계한 해리 트루먼Harry Truman이 공화당 후보 존 듀이John Dewey를 이겼다. 이때 루스벨트와 트루먼이 1933년에서 1953년 까지 민주당 정권 20년을 이어갔다. 루스벨트가 4번, 트루먼이 1번 대선에서 승리했는데, 미국 역사에서 가장 긴 정권 연장 선거가 이어진 셈이다.

민주당 장기 집권이란 기록을 남겼지만, 루스벨트와 트루먼은 역사학자와 정치학자들의 평가에서 역대 훌륭한 미국 대통령 가운데 열 손가락 안에 꼽히고 있다.

위키피디아를 검색해 미국 대통령 랭킹Historical rankings of presidents of the United States을 보면, 1982년부터 2016년까지 15번의 역대 대통령을 평가한 순위가 나온다. 15번 평가를 평균해보면, 루스벨트는 역대 대

〈표1-5〉 미국 톱 텐Top 10 대통령

순위	보수 역사학자 (50명 평균)	진보 역사학자 (190명 평균)
1	에이브러햄 링컨	에이브러햄 링컨
2	조지 워싱턴	프랭클린 루스벨트
3	프랭클린 루스벨트	조지 워싱턴
4	토머스 제퍼슨	토머스 제퍼슨
5	시어도어 루스벨트	시어도어 루스벨트
6	앤드류 잭슨	우드로 윌슨
7	해리 트루먼	앤드류 잭슨
8	우드로 윌슨	해리 트루먼
9	드와이트 아이젠하워	린든 존슨
10	존 애덤스	존 애덤스

통령 가운데 평균 2위, 트루먼은 평균 7위다. 1982년 역사학자들을
보수와 진보로 나누어 평가한 랭킹을 봐도 프랭클린 루스벨트는 2
위와 3위, 해리 트루먼은 7위와 8위를 기록하고 있다. 루스벨트와

트루먼은 민주당 장기 집권을 이끌었는데, 어떻게 역사로부터 좋은 평가를 받을 수 있었을까? 루스벨트는 대공황을 극복한 뒤 2차 세계대전을 승리로 이끌었고, 트루먼은 2차 세계대전 이후 공산국가의 확대와 3차 세계대전을 막은 업적을 인정받고 있다.

미국은 1951년에 수정 헌법 22조에서 대통령의 임기를 2회 8년으로 제한한다. 루스벨트가 죽고 같은 민주당 대통령 트루먼 정부 때 통과된 헌법이다. 루스벨트가 훌륭한 지도자이지만 4선 대통령은 바람직하지 않다고 본 것이다. 미국은 무섭도록 견제와 균형이라는 민주주의 원칙을 지키고, 새롭게 만들어가고 있다.

미국 3대 대통령 토머스 제퍼슨Tomas Jefferson은 "언론 없는 정부보다 정부 없는 언론을 택하겠다."고 말했다. 미국 수정 헌법 1조, 표현의 자유와 언론의 자유를 상징적으로 표현한 말이다. 제퍼슨의 말을 패러디해 수정 헌법 22조를 표현하면, "위대한 지도자 4선 대통령보다 변변치 않은 2선 대통령을 택하겠다."가 된다. 수정 헌법 22조가 제정된 이후 미국은 선거를 통해 평균 8년마다 정권 교체가 이뤄지고 있다.

한국은 1948년 미군정이 종식되고 정부를 수립하면서 대통령제를 채택했다. 그러나 1948년에서 1987년까지 우리나라의 대통령제는 독재를 위한 대통령제였다. 이승만과 박정희가 직선제에 의해 대통령에 선출된 적이 있지만, 부정과 관권이 판을 친 반(反)민주적 선거였다.

독재자 이승만, 박정희, 전두환 가운데 훗날 역사가들이 최악의 대통령으로 평가할 사람은 전두환일 것이다. 그가 1980년 광주 시민들을 향해 발포 명령을 내리지 않았다고 주장하는 것은 손바닥으로 하늘을 가리는 꼴이다. 그러나 독재자 전두환이 긍정적으로 평가 받을 부분이 하나 있다. 이승만, 박정희처럼 장기 독재를 하지 않았다는 것이다. 광주항쟁과 같은 국민의 저항을 두려워해 이승만과 박정희처럼 장기 집권을 하고 싶었지만 스스로 포기한 것이다.

1987년 민주화투쟁은 '5년 단임제', '대통령 직선제'를 이끌었다. 당시 여야 정치인들은 왜 '5년 중임제' 대통령제로 개헌하지 않았을까? 미국처럼 4년 중임제를 하면 임기 8년의 대통령이 나올 가능성이 많아진다. 임기 8년이면 전두환의 임기 7년보다 길게 된다. 전두환 같은 독재자가 연임되면 8년간 대통령을 할 수 있게 되는 것이다. 히틀러도 선거를 통해 집권했기 때문에 이는 불가능한 얘기가 아니다.

1987년 6월 항쟁으로 실체적 민주화가 이뤄진 이후, 대한민국은 2번의 수평적 정권 교체를 경험했다. 1987년 이후 2017년까지 보수 10년 - 진보10년 - 보수10년의 30년 정권 교체의 역사를 경험했다. 4년 대통령제의 미국은 대체로 8년마다 정권 교체가 이뤄지고 있고, 5년 대통령제의 한국은 10년마다 정권 교체가 이뤄지고 있다. 현대 민주주의는 대의 민주주의이며 정당 민주주의다. 한 정당에 두 번 기회를 줬는데 민초들의 삶이 나아진 게 없다면 정권 교체가 해답인 것이다.

CHAPTER 2

8년 주기
정권 교체

적(敵)의 지역 출신을 내세워라

1950년 이후 현직 대통령을 이기고 미국 대통령이 된 사람은 3명이다. 지미 카터Jimmy Carter, 로널드 레이건, 빌 클린턴. 이들은 제럴드 포드Gerald Ford, 지미 카터, 아버지 조지 부시를 이기고 대통령이 됐다. 4년 중임제 대통령제를 채택하고 있는 미국에서 국민들은 현직 대통령이 웬만하면, 연임을 시켜준다. '워터게이트 사건'으로 역사에 오명을 남긴 닉슨도 재선에 성공한 뒤 하야했다.

2차 세계대전 이후 단임 대통령은 케네디, 포드, 카터, 아버지 부시 등 4명이고, 중임 대통령은 아이젠하워, 존슨Lyndon Johnson, 닉슨, 레이건, 클린턴, 아들 부시, 오바마 등 7명이다. 케네디는 대선 1년을 남기고 1963년 12월 23일 달라스에서 의문의 암살을 당한다. 케네디는 죽은 지 50년이 지난 아직까지도 미국 국민들의 사랑을 받고 있는데, 대통령 시절에는 연예인보다 인기가 높았다. 케네디가 암살당하지 않았다면 틀림없이 재선 대통령이 됐을 것이다.

포드는 단임 대통령 가운데 유일하게 선거에서 국민의 선택을 받은 사람이 아니다. 20세기 이후 중도에 하차한 대통령은 3명이다. 루스벨트와 케네디는 임기 중 사망했고, 닉슨은 하야했다. 부통령이었던 트루먼, 존슨, 포드가 대통령 직책을 승계했는데, 포드만 단임 대통령이 됐다.

1992년 11월 3일 화요일, 미국 대선에 3명의 후보가 미국 유권자의 선택을 기다리고 있었다. 아버지 부시 현직 대통령, 빌 클린턴

〈표2-1〉 1992년 미국 대통령 선거

대통령 후보	빌 클린턴	조지 부시	로스 페로
소속 당	민주당	공화당	무소속
고향 (home state)	아칸소	텍사스	텍사스
선거인단 득표	370	168	0
국민 투표	44,909,806	39,104,550	19,743,821
국민투표 득표율	43.0%	37.5%	18.9%

아칸소 주지사, 무소속 텍사스 출신 기업가 로스 페로Ross Perot. 선거 결과 민주당 후보 클린턴이 대통령에 당선됐다. 12년 만에 공화당에서 민주당으로 정치 권력이 교체된 것이다.

1992년 워싱턴 포토맥 강을 따라 3,700그루가 피워낸 벚꽃 물결이 장관을 이룰 때까지 아무도 빌 클린턴이 대통령에 당선될 것이라 예상하지 못했다. 클린턴은 현직 대통령 부시에 도전하는 민주당 일곱 난쟁이 가운데 한 명에 불과했다. 미국 남부의 가난한 지역인 아칸소 주지사를 아는 사람은 거의 없었다.

빌 클린턴은 대통령이 되기 전에도 섹스 스캔들에 시달렸다. 빌의 옛 연인이었던 제니퍼 플라워스Gennifer Flowers라는 여성이 갑자기 나타나 아칸소 주지사와 부적절한 관계를 맺었다고 주장했다. 성추문은 그러나 빌의 인지도를 높이며 전화위복의 계기를 만들었다. 힐러리 클린턴은 남편의 선거운동을 돕기 위해 CBS 〈60분〉에 출연했다.

"나는 남편 빌 곁에 서 있는 여자로 여기 앉아 있는 게 아니에요. 내가 여기 앉아 있는 건 내 남편을 사랑하고 존경하기 때문입니다. 그것으로 충분치 않거든 빌에게 표를 던지지 마세요."

이후에도 제니퍼 플라워스는 클린턴 부부와 질긴 악연을 이어갔다. 2016년 대선 막판에 트럼프도 섹스 스캔들로 곤혹을 치렀다. 트럼프는 상대 후보 힐러리를 흠집내기 위해 제니퍼 플라워스를 언론에 등장시키며 맞불 작전을 펼쳤다.

1992년 대선에서 섹스 스캔들과 함께 베트남전 징집 거부는 클린턴의 대선 가도에 큰 걸림돌이었다. 엄밀히 말해 징집 거부는 아니다. 클린턴은 권투선수 무하마드 알리Muhammad Ali처럼 징집을 거부하지 않았다. 알리는 "어떤 베트콩도 나를 검둥이라고 부르지 않는다."며 양심적 병역 거부를 선언해 징역 3년 6개월의 실형을 선고받았다. 하지만 클린턴은 베트남전이 한창 진행 중일 때 영국 옥스퍼드대학으로 유학을 간 것이었다. 때문에 그는 징집을 피해 외국으로 갔다는 병역 기피 의혹을 피할 수 없었다.

클린턴은 우여곡절 끝에 민주당 대통령 후보가 됐지만, 현직 대통령인 아버지 부시를 이기는 것은 쉬운 일이 아니었다. 부시는 4년 대통령 재임기간 중 두 가지 큰 외교적 업적을 남겼다. 이라크가 쿠웨이트를 침공하며 일어난 걸프전에서 미국이 승리하며, 부시 재임기간 동안 완벽하지 않지만 중동이 평화 상태를 유지했다. 또 부시 재임기간 중 소련이 붕괴했다. 소비에트 사회주의공화국연방은 1991년 12월 25일, 고르바초프Mikhail Gorbachev의 소련 해체 선언 연설과 함께 붉은 광장 게양대에 소련의 국기가 내려가고 러시아 삼색기가 올라가면서 역사의 뒤안길로 사라졌다.

한편, 1992년 대선에 나온 주요 후보 세 사람은 공교롭게도 남부 출신이었다. 아버지 부시와 로스 페로는 텍사스, 빌 클린턴은 아칸

〈그림1-1〉 미국 남부 지역

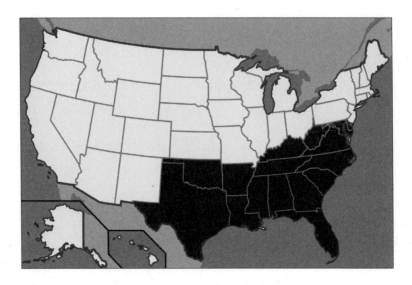

〈그림1-2〉 미국 남부 지역 주

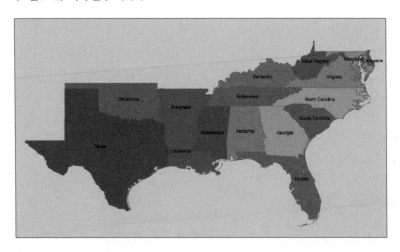

소 출신이다.

미국 남부는 〈그림1 - 1〉에서 보듯 미국의 남동부를 일컫는다. 이 지역은 초기 스페인, 프랑스, 영국의 식민지였으며, 진보된 문명을 가진 아메리카 원주민들의 터전이자 노예로 유입된 아프리카계 미국인의 농장지대였다. 또 미국 남부는 1861년 남북전쟁에서 남부 연합에 가입한 지역이다. 남부 연합은 링컨 대통령의 노예 해방에 반대하며 연방 탈퇴를 선언하고 독립된 정부를 수립하지만 남북전쟁에서 패배한다. 남부는 전쟁에서 패배한 뒤 경제적으로 수탈당하고 사회적으로 멸시의 대상이 된다. 특히 정치적으로 권력의 정점에서 멀어지는데, 남부 출신 정치인은 남북전쟁 뒤 50년 가까이 대통령에 당선되지 못한다.

남북전쟁에서 링컨의 공화당 정권에 패배한 뒤, 남부는 1960년대 초까지 민주당의 텃밭이었다. 1960년 대선에서 케네디는 텍사스, 아칸소 등 남부 지역에서 승리했고, 닉슨은 서부 캘리포니아에서 승리했다. 그러나 1964년 대선에서 남북전쟁 이후 100년 동안 민주당을 지지했던 '디프사우스Deep South'5가 돌연 공화당 지지로 돌

---

5   디프사우스(Deep South) : 미국 남부 여러 주 가운데 특히 루이지애나·미시시피·앨라배마·조지아·사우스캐롤라이나 5개 주를 말함. 아칸소·플로리다 두 개 주를 합칠 경우도 있음.

아선다. 100년 만의 반전은 어떻게 일어난 것일까?

오랜 세월이 흐르고 남북전쟁의 상처가 아문 것도 이유였겠지만, 공화당 대선후보 배리 골드워터Barry Goldwater를 빼놓고는 남부의 변심을 설명하기 어렵다. 골드워터는 현직 대통령 존슨에게 선거인단 투표에서 486대 52로 참패한다. 골드워터는 미국 50개 주 가운데 디프사우스 5개 주와 고향 애리조나를 합해 6개 주에서만 승리한다.

골드워터는 1964년 민권법[6]을 반대한 8명의 상원의원 가운데 한 사람이다. 민권법이 제정되던 당시 미국은 흑백분리 문제가 심각했다. 1955년 12월 로사 파크스 사건은 민권운동의 도화선이 됐다. 흑인 여성 로사 파크스Rosa Parks는 남부 앨라배마 주 몽고메리에서 백인에게 버스 좌석을 양보하지 않았다는 이유로 체포, 수감됐고, 이에 흑인 5만여 명이 거리로 나와 승차 거부와 파업 시위를 진행했다. 이후 민권운동 지도자 마틴 루터 킹Martin Luther King Jr. 목사가 1963년 8월 워싱턴 D.C. 링컨기념관 앞에서 "나에게는 꿈이 있다(I have a dream)."라는 역사적 명연설을 남기기도 했다.

대다수 미국 남부의 백인들은 노예제 폐지 이후에도 흑인과 함

---

6 민권법(Civil Rights Act) : 미국에서 흑인 차별을 금지하기 위해 1964년 제정된 법안. 공공장소는 물론이고 취업이나 교육, 법률상으로 인종과 피부색, 종교, 성별, 출신 국가에 의한 차별을 금지한다는 내용을 골자로 하고 있다.

께 버스를 타고 학교를 다니는 것을 받아들이지 못했다. 남부의 백인들은 100년 전 흑인 노예를 해방시킨 링컨의 공화당은 잊을 수 있었지만, 흑인과 함께 생활하도록 강요한 케네디와 존슨의 민주당은 잊을 수 없었다. 남북전쟁 이후 100년 동안 민주당을 지지했던 남부의 백인들이 민권법 제정 이후 공화당 지지로 돌아선 비밀이 여기에 있었다.

"이제 한동안 남부는 공화당의 땅이 될 것이다."

존슨 대통령은 1964년 민권법에 서명한 뒤 이렇게 머지않은 미래를 예견했다.

1968년 민주당 대선후보 허버트 험프리Hubert Humphrey는 공화당 리처드 닉슨에게 완패했다. 험프리는 100년 민주당 텃밭 남부에서 텍사스 주에서만 승리했다. 1960년 대선에서 닉슨은 텍사스, 아칸소, 조지아 등 남부 7개 주에서 케네디에게 패배했다. 민주당 정권이 주도한 민권법이 남부의 정치지형을 통째로 바꿔버렸다.

1992년 민주당 지지자들이 예비경선에서 남부 출신 클린턴을 선택한 것은 결과적으로 신의 한 수가 됐다. 클린턴은 아칸소, 테네시, 루이지애나, 조지아, 켄터키 등 남부 5개 주에서 현직 대통령 아버지 부시를 이겼다. 2008년 대선에서 민주당 오바마는 공화당 존 매케인John McCain에 완승했는데, 클린턴이 이겼던 남부 5개 주에서는 패배했다.

빌 클린턴처럼 상대당의 텃밭지역 출신을 대선후보로 선택하는 현상은 우리나라에서도 나타나고 있다.

1990년 노태우, 김영삼, 김종필의 3당 합당 이후, 경상도는 한국 보수당의 텃밭이 됐다. 김영삼은 한국의 정치지형을 바꾸며 1992년 대통령이 된다. 한국의 지역별 유권자 현황은 1987년 직선제 대선 이후 큰 변동이 없다. 2012년 지역별 유권자 현황을 보면 호남 지역 유권자 비율은 10.3%로 영남 지역 26.1%의 절반도 안 된다. 3당 합당 이후 호남 지역을 기반으로 한 진보적 정당이 영남 지역을

〈표2-2〉 2012년 대한민국 대선 지역별 유권자 현황

지역	비율	유권자 수
서울	20.8%	840만
경기	23.0%	940만
인천	5.5%	220만
충청권	10.1%	410만
호남권	10.3%	420만
대구, 경북(TK)	10.3%	420만
부산, 경남(PK)	15.8%	640만
강원, 제주	4.2%	170만

기반으로 한 보수당을 이기는 것은 쉬운 일이 아니게 됐다.

3당 합당 이후 진보진영 지지자들은 영남 지역 출신 대선후보를 상대적으로 선호하고 있다. 1992년 미국 민주당 지지자들이 공화당 텃밭인 남부 출신 빌 클린턴을 대선후보로 선택한 것과 같은 맥락이다. 한국의 진보진영은 2002년 대선에서 영남 출신 노무현을 내세워 승리했으나 2012년 대선에서는 영남 출신 문재인을 내세워 패배했다. 2012년 대선은 영남 출신의 맞대결 장이었다. TK 출신 박근혜는 51.6%를 득표해 PK출신 문재인에게 2.6%포인트, 100만 표 차이로 승리했다. 2007년 대선에서 진보진영은 호남 출신 정동영을 내세웠으나 영남 출신 이명박에게 500만 표 차이로 패배했다. 이명박은 46.2%, 정동영은 28.6%를 득표했다.

2017년 대선에서 진보진영 지지자들은 영남 출신 문재인, 이재명, 안철수 등을 유력 후보로 밀고 있다. 반면 여야를 통틀어 유력 대선후보 가운데 호남 출신은 보이지 않고 있다.

영호남 지역감정은 박정희 정권이 조장한 것이라고 할 수 있다. 박정희는 유권자수에서 영남이 호남보다 2.5배 많다는 것을 잘 알고 있었다. 남과 북이 통일되기 전에 영호남의 지역감정을 정치적으로 해소하는 방법이 하나 있다고 생각한다. 보수진영이 호남 출신 누군가를 대선후보로 내세우는 것이다. 이미 호남을 기반으로 한 진보진영은 영남 출신인 노무현을 대통령으로 만들었으니, 호남 출신 보수당 후보가 대통령에 당선된다면 지역감정을 해소하는 정치 권력의 교체가 이뤄질 것이라 믿는다.

미국 플로리다에서 생긴 일

미국 남동쪽 대서양과 멕시코만을 갈라놓고 있는 플로리다 반도는 마이애미, 올랜도 등 세계적인 관광도시가 위치한 휴양지다. 1819년 미국이 스페인으로부터 사들인 15만㎢의 반도가 2000년 미국 본토 전체를 흔드는 일이 벌어졌다.

2000년 11월 7일. 미국 대통령 선거는 공화당의 아들 조지 부시 후보와 민주당 앨 고어 후보가 맞붙었다. 이 대선은 사상 초유의 혼란과 소송 사태 등으로 무려 36일 동안 결론이 나지 않은 채 질질 끌었다.

선거 당일 CNN, NBC, FOX, CBS, ABC 등 미국 네트워크 방송사들은 공동으로 출구조사(exit poll)를 실시했다. 선거를 마치고 나오는 유권자들을 대상으로 실시하는 출구조사는 미국 대선에서 전통적으로 정확도가 높았다. 11월 7일 미국 동부시각 오후 8시, 메이저 방송사들은 모두 플로리다 주를 '고어의 우세 지역'이라고 보도했다. 그러나 개표가 시작되자 부시의 표가 더 많이 나오기 시작했다. 방송사들은 플로리다를 '아직 결정되지 않은 박빙 지역'으로 수정했다. 선거 다음날인 8일 새벽 2시 30분, 85% 개표 상태에서 부시가 고어를 10만 표 앞서고 있었다. 메이저 방송사들은 부시가 플로리다 25명의 선거인단을 가져갔고, 이에 따라 대통령에 당선됐다고 보도했다. 그러나 팜비치 등 15%의 미개표 지역은 민주당이 절대적으로 우세한 지역이었다. 고어가 맹추격을 했지만, 개표 결과 1,784표 차 부시의 승리였다.

득표 차가 유효표의 0.5% 미만일 경우 재검표를 실시한다는 플로리다 주법에 따라 재검표가 시작됐다. 기계로 한 재검표 결과는 바로 나왔다. 두 후보의 표 차는 900으로 절반 가까이 줄어들었다. 민주당과 고어는 이 추세라면 역전이 가능하다고 판단했다. 플로리다 법원은 민주당의 요청을 받아들여, 팜비치 등 3개 카운티에서 수작업 재검표를 실시하라고 했다.

선거가 끝나고 3일 뒤 플로리다를 제외한 투표 결과는 이미 나와 있었다. 선거인단에서 부시는 246표, 고어는 266표를 확보하고 있었다. 미국은 선거인단의 과반수인 270표를 확보해야 대통령이 될

<표2-3> 2000년 미국 대선 결과

	조지 W. 부시	앨 고어
정당	공화당	민주당
선거인단	271	266
국민투표	50,456,002	50,999,897
득표율	47.9%	48.4%
플로리다 주민투표	2,912,790	2,912,253
플로리다 득표율	48.85%	48.84%

수 있다. 대통령이 되기까지 부시는 24표, 고어는 4표가 필요한 상황에서 플로리다 주만 최종 개표 결과가 나오지 않고 있었다. 미국 대선은 주별 선거인단을 승자에게 몰아주는 '승자독식(winner takes all) 방식'이어서 플로리다의 승자는 선거인단 25표를 모두 가져가는 것이었다.

11월 12일 팜비치 카운티의 표 1%만 수작업으로 재검표한 결과, 부시와 고어의 표 차는 19표나 줄어들었다. 이를 계기로 재검표와 소송 사태가 이어지기 시작했다. 13일 팜비치 선거감독위원회는 "1%에 19표면 카운티 전체로 볼 때 1,900표 라는 얘기로 해석할 수 있다."며 이튿날부터 전체 42만 5,000표를 모두 수작업으로 검표할 것을 결정했다. 상황이 여기까지 이르자 다른 3개 카운티들도 재검표 행렬에 가세했다. 수작업 검표 결과, 고어의 표가 늘어날 경우 900표 차로 앞서고 있는 부시가 역전당할 수도 있는 상황이었다.

기계식 개표와 수작업 개표 사이에 어떻게 이런 차이가 나올 수 있을까? 미국은 50개 주마다 투표 방식을 자체적으로 결정하고 있는데, 플로리다는 투표용지에 구멍을 내는 방식으로 대통령 선거를 했다. 부시 또는 고어 이름 옆 종이에 뽀족한 못 같은 물체로 구멍을 내는 투표 방식인데, 문제는 천공을 낸 종이밥이 투표용지에서 완전히 떨어져 나가지 않을 경우 개표기계가 무효표로 간주한 것이었다. 당시 이렇게 무효로 처리된 투표용지가 7만 표에 이른 것으로 조사됐다. 팜비치 선관위는 수작업 검표를 위해 개표 마감 시한을 연기해달라고 요청했으나 순회법원은 받아들이지 않았다. 부시와 공화당의 손을 들어준 것이다. 그러나 상황이 여기서 끝나지 않고 반전이 거듭된다. 12월 8일 플로리다 대법원이 플로리다 주 내 모든 표를 손으로 재검표해 결과에 반영하라고 판결하면서 고어와 민주당에 다시 희망이 보이는 듯했다. 하지만 연방대법원이 나흘 뒤인 12일, 플로리다 법원의 판결이 위헌이라고 결정하면서 36일 동안 이어진 사상 초유의 '대선 개표 전쟁'은 막을 내리게 됐다. 플로리다에서 부시와 고어의 표차는 0.0092%였다.

부시와 고어의 숨 막히는 대결은 미국 역사상 처음으로 사실상 사법부가 대통령 당선자를 결정하는 오점을 낳았다. 연방대법원은 왜 플로리다 주 대법원이 내린 수작업 재검표 결과를 포함시키라는 판결이 위헌이라고 했을까?

위헌 판결의 근거는 수정 헌법 14조 미국 시민의 '동등 보호(equal protection)'와 '정당한 절차(due process of law)' 조항이었다. 부시 캠프는 기계 검표의 결과는 누구에게나 객관적이며 이러한 기계 검표의 결과는 정당한 절차를 거친 것이라며 연방대법원에 도움을 요청했다.

고어 캠프는 기계 검표의 결과가 기술적인 결함으로 유권자 표심을 제대로 반영하지 못하였으므로 수작업 재검표라는 시간 소모적인 방법을 통해서라도 유권자의 의사가 정확히 표현될 수 있도록 해야 한다고 주장했다.

고어는 연방대법원 판결 뒤, 전국에 생방송으로 승복 연설을 했다.

"저는 방금 전 조지 부시에게 전화를 걸어, 미국의 43대 대통령이 된 것을 축하했습니다.

이제 연방대법원의 판결이 내려졌습니다. 저는 그 판결에 결코 동의할 수 없습니다. 그러나 받아들이겠습니다. 저는 국민의 단합과 민주주의의 강화를 위해 승복하기로 결정했습니다.

역사는 우리에게 숱한 도전과 투쟁의 과정을 보여주는 교과서입니다. 결승선에 도달하기 전에 무수한 논쟁이 오가지만, 일단 결과가 정해지면 승자나 패자나 담담하게 받아들이는 것이, 화합의 정신임을 우리는 익히 알고 있습니다. 나에게 힘을 실어준 지지자들이 느끼는 것처럼 나도 실망스럽습니다. 하지만 애국심으로 실망감을 극복해야 할 것입니다.

저의 아버지는 '아무리 잃은 것이 많다고 해도, 패배가 주는 가르침을 따라가면 영광의 날이 온다.'고 일깨워주셨습니다. 정치 싸움은 막을 내렸습니다. 이제 일터로 돌아가 전 세계에서 우리를 기다리는 많은 사람들에게 손을 내밀어야 할 것입니다."

2000년 대선이 끝난 뒤 앨 고어는 정계를 떠나 환경운동가로 변신했다. 그는 《불편한 진실(The Inconvenient Truth)》이란 책을 쓰고 같은 이름의 영화를 만들어 전 세계인들에게 지구 온난화의 위험성을 환기시켰다. 2004년 대선에서 민주당 지지자들은 고어와 부시가 리턴매치를 펼치기를 기대했지만, 고어는 심사숙고 끝에 출마하지 않기로 결심했다.

2000년 대선에서 부시는 승리했지만 성공한 대통령으로 역사에 남지 못했다. 그는 무리하게 테러와의 전쟁을 벌이고, 있지도 않은 대량 살상무기를 구실 삼아 이라크에서 전쟁을 벌여 수많은 젊은

이들을 죽음으로 내몰았다. 부시가 미국 대통령이자 세계의 지도자로서 제역할을 하지 못할 때, 경쟁자였던 고어는 전 세계인이 함께 고민해야 할 환경문제를 해결하기 위해 혼신의 노력을 다했다. 고어는 2007년 지구 기후 변화 문제에서 이룬 업적으로 노벨 평화상을 받았다.

부시는 0.0092%라는 간발의 차이로 대통령이 됐다. 부시는 돈 많은 텍사스 명문가의 아들로 태어났으나 하버드경영대학원을 다니던 시절, 그 이전부터 즐기던 술에 더욱 빠져 들어 알코올 중독 증세를 보이기도 했다. 1976년에는 음주운전으로 벌금 150달러를 물고 운전면허를 일시 정지당하기도 했다. 술은 결혼 후 줄이기 시작해 1986년 40세 생일 이후로는 완전히 끊었다. 젊어서 그는 마약을 복용해 아버지 조지 부시의 입장을 곤란하게 만들기도 했다.

고어에 비해 이처럼 불안한 젊은 시절을 보낸 부시는 어떻게 국민들의 마음을 훔쳤을까? 《본능의 경제학(Instant Appeal)》의 저자 비키 쿤켈Vicki Kunkel은 부시의 당선 원인을 이색적으로 설명한다.

2000년 미국 대통령 선거에서 촌스럽고 말도 어눌한 조지 부시는 잘 생기고 말 잘하는 앨 고어에게 이겼다. 여러 가지 이유가 있겠지만 고어의 패배는 자신의 완벽함 탓이었다. 인간의 뇌에서 안전을 관장하는 부위는 '파충류의 뇌'라 불리는 가장 원초적인 부분인데, 여기선 완벽하게 아름다운 사람을 마주치면 무의식 중에 불신 경보를 발령한다고 한다. 때문에 고어의 완벽하다시피 한 외모와 유세 스타일은 '원초적 반감'을 자아냈다. "이렇게 행동과 말투가 어눌한 사람이 나를 어떻게 하지는 못할 거야."라는 미국인의 집단 무의식을 파고든 덕분에 부시가 고어를 이길 수 있었다고 비키 쿤켈은 설명한다.

유권자에게 친근감을 주는 촌스러운 외모 못지않게 부시에게 승리를 안겨준 요인은 변화에 대한 열망이었다. 빌 클린턴은 부통령 앨 고어와 함께 8년 동안 미국을 잘 이끌었다. 1993년 가족의료법안에 관한 대선 공약이 관철돼, 노동자들의 근로 상황이 크게 개선됐다. 클린턴은 부통령 고어에게 정부를 완전히 새롭게 재창조하기 위한 방안을 강구하도록 지시해 전자정부를 실현한다. '정보기술을 통한 정부 재구축 프로그램'을 통해 공무원을 30만 명 이상 감축하는 성과를 거둔 것이다. 무엇보다 클린턴 정부는 집권기간 동안 연속적인 경제 호황을 이끌었다.

미국 국민들이 2000년 대선에서 지난 정부에 대한 평가라는 '회고적 투표(retrospective voting)'의 경향을 보였다면 민주당 후보 고어가 유리했을 것이다. 민주당 클린턴 정부가 8년 동안 국정을 잘 이끌었지만 미국 유권자들은 12년 연속 민주당이 정권을 잡는 것을 허락하지 않았다. 민주주의를 지탱하는 원리 가운데 하나는 견제와 균형이다. 대통령제는 다당제보다 양당제가 더 어울리는데, 어느 한 당이 장기 집권을 하지 않고, 두 정당 사이의 수평적 정권 교체가 적당한 간격으로 이루어질 때, 견제와 균형의 민주주의 원리가 제대로 작동되는 것이다. 2000년 미국 국민은 8년 동안 국정을 잘 이끈 민주당보다 국정을 새롭게 잘 이끌어 보겠다는 공화당에게 기회를 주었던 것이다.

담대한 희망과 변화

"어느 날 아침 일어나 보니 유명해져 있었다."

영국의 낭만파 시인 바이런Baron Byron이 한 이 말은 정치인 오바마에게 딱 들어맞는 말이다.

바이런이 《차일드 해럴드의 순례(Childe Harold's Pilgrimage)》라는 시집으로 하루아침에 유명시인이 됐다면, 오바마는 '담대한 희망'이란 연설 하나로 벼락스타 정치인이 됐다.

2004년 7월 27일 보스턴에서 열린 민주당 전당대회. 이날 이 장소의 주인공은 11월 대선에서 현직 대통령 조지 부시와 대결할 민주당 후보 존 케리John Kerry였지만, 다음 날 아침 일어나보니 유명해진 사람은 벼락 오바마였다.

"오늘밤은 제에게 매우 특별한 영광입니다. 왜냐하면 솔직히 말해서 제가 이 자리에 설 가능성은 매우 낮기 때문입니다. 나의 아버지는 케냐의 조그마한 마을에서 태어나고 거기서 자란 외국인 유학생이었습니다. 그는 염소를 치면서 자랐고 양철지붕의 판잣집 학교를 다녔습니다. 그의 아버지, 그러니까 제 할아버지는 요리사이자 영국인의 하인이었습니다.

나의 할아버지는 아들에 대한 더 큰 꿈을 가졌습니다. 아버지는 불굴의 노력과 끈기를 발휘하여 신비의 땅 미국에서 장학금을 받고 공부하였습니다. 미국은 먼저 온 많은 사람들에게 자유와 기회의 횃불처럼 빛났습니다. 아버지는 미국에서 공부하는 도중 어머니를 만났습니다. 그녀는 아버지와는 다른 곳인 캔자스의 도시에서 태어났습니다. 그녀의 아버지는 대공황 중에는 대부분 석유 굴착장과 농장에서 일했습니다."

존 케리는 직접 일리노이 주 연방 상원의원 오바마를 자신을 위한 전당대회의 기조연설자로 지명했다. 오바마가 연설을 잘할 뿐 아니라 흑인이었기 때문이다. 흑인들은 전통적으로 민주당을 지지하고 있는데, 민주당 대선후보 케리는 집토끼인 흑인들을 결집할 필요가 있었다.

오바마 연설의 앞부분은 그의 회고록《내 아버지로부터의 꿈

(Dreams from My Father)⁷》을 압축하고 있다. '아메리칸 드림'은 미국이 노력하는 사람에게 기회의 땅이라는 말이다. 미국인들이 갖고 있는 장점 가운데 하나는 피부 색깔이 다르더라도 역경을 극복하고 아메리칸 드림을 이룬 사람에게 아낌없는 박수를 보낸다는 것이다. 오바마에게 아메리칸 드림은 2004년 연설에 등장하는 '담대한 희망(The Audacity of Hope)⁸'이다.

"우리는 냉소주의의 정치에 참여하고 있습니까, 아니면 희망의 정치에 참여하고 있습니까? 존 케리는 우리에게 희망을 호소하고 있습니다.

그것은 모닥불에 둘러앉아 자유의 노래를 부르던 노예들의 희망, 머나먼 땅을 향해 출발하던 이민자들의 희망, 메콩강 삼각주를 용감하게 정찰하던 젊은 해군 대위의 희망, 과감하게 가능성에 도전하는 공장 노동자 아들의 희망, 미국이 자신의 나라이기도 하다고 생각했던 '버락'이라는 우스꽝스러운 이름을 가진 말라깽이 꼬마의 희망 말입

---

7   1995년 출간 후에는 빛을 못 보다가 2004 오바마의 연설 후 재출간되어 베스트셀러가 된 자서전. 1부는 하버드 대학까지의 유년 시절, 2부는 시카고 시민운동가 시절, 3부는 가족의 뿌리를 찾기 위한 케냐 여행을 다루고 있다.
8   오바마가 2004년 연설로 벼락스타가 된 뒤, 같은 제목의 정치에세이를 출간했다.

니다. 어려움에 직면했을 때의 희망, 불확실성에 직면했을 때의 희
망, 담대한 희망!"

오바마는 클라이맥스에서 '미국은 모두 하나'라는 메시지를
던졌다. 〈타임〉은 흑인 정치인의 중앙 정치 데뷔 무대를 '넉아웃
(knockout) 연설'이라고 극찬했다.

"진보의 미국, 보수의 미국이 따로 있는 것이 아닙니다. 오직 하나의
미합중국(the United States of America)만이 있을 뿐입니다. 흑인의 미국
도, 백인의 미국도, 라틴계 미국도, 아시아계 미국도 없습니다. 오직
미합중국만이 존재할 뿐입니다."

2004년 7월 벼락스타가 된 오바마는 2005년 2월 초선 연방상원
이 된다. 오바마 의원의 보좌관들은 6년 임기의 상원의원을 한 번
더하고 2016년 대선에 도전하는 계획을 세웠다. 신중한 성격의 오
바마도 급하게 서두를 필요가 없다고 생각했다. 그러나 한번 호랑
이 등에 올라탄 오바마의 기세를 그 자신도 막을 수 없었다. 오바마
는 2006년에 대권에 도전하겠다는 마음을 먹은 것으로 보인다.

2006년 1월 22일 오바마 상원의원은 NBC 방송국 '언론과의 만남
(Meet The Press)'이란 대담 프로에 출연한다. 유명 앵커 팀 러서트Tim

Russert[9]는 그의 머리를 오바마 쪽으로 향하며 담백하게 질문한다.

"2008년에 대통령이나 부통령에 출마할 계획입니까?"

오바마는 짧게 답한다. "그럴 생각이 없습니다."

그해 늦은 가을 오바마는 다시 '언론과의 만남' 프로그램에 나온다. 러서트는 프로그램 말미에 10개월 전 비디오를 오바마의 면전에서 틀어준다. 러서트는 오바마의 말을 기다리고 있다. 오바마는 "지금은 곧 있을 중간선거에 전력을 다할 때"라고 말하며 즉답을 피한다. 러서트는 다시 유권자인 국민을 대신해 "2008년 대선에 출마하느냐?"고 묻는다. 오바마는 "사실 지난 몇 개월 동안 더 높은 자리[10]에 도전하는 것을 생각해봤다."고 답한다. 러서트가 다시 질문한다.

"그 말은 대선 출마의 문이 약간 열렸다고 볼 수 있는 건가요?(So it sounds as if the door has opened a bit?)"

오바마는 짧게 답한다. "네!(A bit)"

9　1950년 뉴욕 주 버팔로 시에서 태어난 그는 대통령 선거가 있었던 해인 2008년 6월 13일 방송국에서 갑자기 사망한다. 〈타임〉은 2008년 러서트를 '전 세계 가장 영향력 있는 100인' 가운데 한 사람으로 선정하기도 했다.

10　미국에서 연방 상원의원보다 더 높은 자리는 대통령과 부통령직이다.

2004년 민주당 전당대회에서 오바마가 기조연설로 흥을 돋우었지만 그해 11월 대선에서 존 케리 민주당 후보는 현직 대통령 부시에게 패배했다. 미국 유권자들은 부시가 테러로부터 미국을 보호하는 데 케리보다 더 능력이 있다고 생각했다. 그러나 4년 뒤인 2008년, 테러는 더 이상 대통령 선거에서 주요 이슈가 되지 못했다. 그것은 마치 대한민국 대통령 선거에서 보수당이 전가의 보도처럼 사용했던 북풍이 어느 순간부터 선거의 주요 이슈가 되지 못한 것과 유사하다.

부시가 대통령에 취임한 지 8개월 후인 2001년 9월 11일, 미국은 9·11 테러에 마주쳤다. 테러리스트들이 납치한 여객기들이 뉴욕의 세계무역센터와 워싱턴 D.C.의 펜타곤에 부딪히는 사건이 일어났다. 세계무역센터의 쌍둥이 빌딩은 무너지고 펜타곤의 한 부분이 파괴되었으며, 약 3,000명의 희생자와 6,000명 이상의 부상자가 발생했다.

9·11 테러 이후 부시의 지지율은 고공행진을 기록했다. 그는 1년 내내 미국 국민 90%의 지지를 얻었다. 이 같은 지지율은 갤럽이 프랭클린 루스벨트 대통령 때부터 지지율 여론조사를 실시한 이후 최고의 기록이다.

그러나 2007년 1월 부시의 지지율은 60%포인트 폭락해 30% 근처를 헤매고 있었다. 2008년 여름 갤럽 여론조사에서 미국 국민들

가운데 61%~68%는 부시에 대해 불만을 갖고 있었다. NBC 뉴스와 〈월스트리트저널〉 공동 여론조사에서는 67%~74%가 미국이 잘못된 길로 가고 있다고 답했다. CNN 여론조사에서는 응답자의 3분의 2가 전쟁을 반대하고 있었다.

2008년 10월 대선을 3주 남겨두고 실시된 각종 여론조사에서 오바마는 8%~10%포인트 차이로 매케인을 앞서고 있었다. 서브프라임 모기지 사태로 인한 금융 위기 이후, 매케인과 오바마의 지지율 격차는 좀처럼 좁혀지지 않았다.

일부 선거 전문가들은 매케인이 마지막으로 기댈 것은 '브래들리 효과(Bradley Effect)'뿐이라는 분석을 내놓았다. 브래들리 효과는 인종 변수를 의미하는 것으로, 백인 유권자들이 여론조사 때는 속내를 감추고 흑인 후보를 지지한다고 밝힌 뒤 실제 투표에서는 백인 후보를 찍는 현상을 말한다. 이는 1982년 캘리포니아 주지사 선거에 출마했던 흑인 후보 톰 브래들리Tom Bradley가 투표일 직전까지도 여론조사에서 크게 앞섰지만, 실제 투표에서 패배했던 데서 유래했다. 〈워싱턴포스트〉는 2008년 대선에서도 브래들리 효과가 재연될 가능성이 있다고 보도했다.

그러나 선거 결과는 오바마 69,456,897표, 매케인이 59,934,814표. 오바마는 국민투표에서 52.9%를 얻어 45.7%를 얻은 매케인을 눌렀다. 선거인단투표에서는 오바마가 365대 173으로 크게 이겼다. 득표율 격차 7.2%포인트는 선거 전 여론조사 결과와 크게 차이 나지 않았다. 이는 우려했던 브래들리 효과가 2008년 대선에서 크게 나타나지 않았다는 것을 보여준다.

사실 흑인 오바마가 이길 가능성은 선거 6개월 전부터 감지되기 시작했다. 오바마 선거캠프에 돈이 몰려들기 시작한 것이다. 선거가 전쟁이라면 선거자금은 군자금(軍資金)이다. 미국 남북전쟁에서 북군이 승리한 가장 큰 이유 가운데 하나는 남군보다 군자금이 많았기 때문이었다. 선거자금은 당선 가능성이 높은 후보에게 몰려 빈익빈 부익부 현상이 더 심해지는데, 전통적으로 공화당 후보가 민주당 후보보다 선거자금을 많이 모았다.

2000년 대선에서 공화당 부시 후보는 예비선거 기간 1,100억 원을 모았다. 민주당 고어 후보는 부시의 절반 정도인 555억 원을 모았다. 그러나 오바마는 여느 민주당 대선후보와도 달랐다. 오바마는 2008년 4월까지 3,068억 원의 선거자금을 모았다. 공화당 매케인 후보는 같은 기간 1,110억 원을 모았다.

오바마는 1980년 이후 대선에서 백인으로부터 가장 많은 득표율을 얻은 민주 후보다. 백인들은 전통적으로 공화당을 더 많이 지지했고, 1980년 이후 민주당 후보에게 43% 이상 표를 준 적이 없다. 1980년 카터와 1984년 먼데일Walter Mondale은 공화 – 민주 양자대결

〈표2-4〉 미국 대선에서 백인 투표 동향

연도(년)	1980	1984	1988	1992	1996	2000	2004	2008
공화당(%)	56	64	59	40	46	54	58	55
민주당(%)	36	35	40	39	43	42	41	43

에서 40%도 득표하지 못했다. 1992년 빌 클린턴도 39% 득표율을 보였지만, 이때는 무소속 로스가 나와 20% 득표율을 기록했다. 오바마가 백인 표를 40% 넘게 받지 못했다면 대선 승리는 쉽지 않았을 것이다.

오바마는 중도층Moderates으로부터 60%의 지지를 받았다. 이는 1980년 이후 민주당 대선후보 가운데 가장 높은 득표율이다. 중도층은 공화당 지지자도 민주당 지지자도 아닌, 선거할 때 마다 "그때 그때 달라요!"라고 말하는 유권자들을 말한다.

선거에서 이기는 방법은 크게 두 가지다. 하나는 지지층인 집토끼들을 투표장에 많이 나오게 하는 지지층 결집이고, 다른 하나는 산토끼인 부동층의 지지를 이끌어내는 것이다. 오바마는 민주당 지지자들을 투표장에 많이 나오게 했고, 또 중도층 60%의 지지를 받아 대통령에 당선됐다.

오바마는 2004년 연설로 벼락스타가 된 뒤, 2016년 대선 출마를

〈표2-5〉 미국 대선에서 중도층 투표 동향

연도(년)	1980	1984	1988	1992	1996	2000	2004	2008
공화당(%)	49	53	49	31	33	44	45	39
민주당(%)	42	47	50	47	57	52	54	60

목표로 두었다. 오바마가 당초 목표대로 2016년 대선에 출마했다면 승리했을까? 역사에서 만약이란 가정은 없다고 하지만 오바마가 2008년이 아닌 2016년 출마했다면 공화당 후보를 쉽게 이기지 못했을 것이다. 물론 이 가정은 2009년부터 2016년까지 민주당이 집권했다는 것을 전제로 하고 있다.

2016년 대선에서 트럼프가 예상 밖 승리를 거둔 원인 가운데 하나가 민주당 집권 8년에 대한 피로감이었듯이, 2008년 대선에서 오바마가 승리한 원인 가운데 하나는 공화당 집권 8년에 대한 피로감이었다.

CHAPTER 3

10년 주기
정권 교체

16년 만에 부활한 직선제

"민주주의라는 나무는 피를 먹고 자란다."

미국의 3대 대통령 토머스 제퍼슨^{Thomas Jefferson} 11이 한 말이다.

우리의 민주주의 나무도 국민들의 피를 먹고 자랐다.

1987년 12월 16일, 우리 국민들은 16년 만에 부활한 직선제로 대통령을 선택했다. 직선제를 골자로 한 개헌과 민주주의를 위해 두 명의 젊은이가 피를 흘렸다.

---

11   제퍼슨이 원래 한 말은 조금 다르다. "자유라는 나무는 가끔은 애국자와 독재자의 피로 새롭게 되어야 한다.(The tree of liberty must be refreshed from time to time with the blood of patriots and tyrants.)"

박종철과 이한열.

1965년생 박종철과 1966년생 이한열은 전두환 군사정권 시절 대학을 다니던 1980년대 학번 세대에게 잊을 수 이름이다. 그들이 없었다면 1980년대 학번은 나이 쉰 살이 넘도록 민주주의 나무가 공급하는 신선한 공기를 들이마시지 못했을 것이다.

박종철은 서울대학교 언어학과 3학년에 재학 중이던 1987년 1월 13일 자정, 하숙집에서 치안본부 대공분실 수사관 6명에게 연행된다. 공안 당국은 박종철에게 운동권 선배의 소재를 물었으나, 박종철은 순순히 대답하지 않는다. 경찰은 잔혹한 폭행과 전기고문, 물고문 등을 가했고, 끝내 박종철은 1월 14일 치안본부 대공수사단 남영동 분실 509호 조사실에서 사망한다.

치안본부장 강민창은 "냉수를 몇 컵 마신 후 심문을 시작, 박종철의 친구 소재를 묻던 중 책상을 '탁'치니 갑자기 '억'소리를 지르면서 쓰러져 중앙대 부속병원으로 옮겼으나, 12시경 사망하였다."고 공식 발표했다. 국립과학수사연구소 부검의 황적준 박사는 경찰의 협박과 회유를 물리치고 박종철은 전기고문과 물고문 때문에 사망했다고 밝혔다. 경찰은 서둘러 조한경 등 2명이 박종철을 물고문하여 살해했다고 발표했으나, 5월 18일 천주교정의구현전국사제단의 성명을 통해 치안감 박처원 등 대공간부 3명이 이 사건을 축소, 조작하고, 고문 가담 경관이 5명이었다는 사실이 새롭게 밝혀졌다.

1987년 6월 9일, 천여 명의 연세대학교 학생들이 6·10대회를 하루 앞두고 정문 앞에서 시위를 벌이던 중 경영학과 2학년에 재학 중이던 이한열이 경찰이 발사한 최루탄을 맞고 쓰러졌다. 그는 바로 병원으로 옮겨져 세브란스병원 중환자실에서 치료를 받았으나, 의식을 회복하지 못한 채 그해 7월 5일 뇌 손상으로 인한 심폐기능 정지로 사망한다.

서로 다른 시대를 사는 두 사람의 운명이 같은 패턴으로 전개될 수 있다는 평행이론은 6월 항쟁과 4·19혁명에도 적용된다. 최루탄이 눈에 박힌 김주열의 시신이 마산 앞바다에 떠오르면서 4·19혁명의 도화선이 되었고, 박종철과 이한열의 희생으로 6월 항쟁이 발발했다.

전두환 군사정권은 6월 항쟁에 굴복해 6·29선언을 발표한다. 6·29선언 8개 항목 가운데 가장 중요한 것은, '여야 합의에 의한 대통령 직선제 개헌'이다. 대통령 직선제는 1971년 박정희 – 김대중 대결 이후 16년 만에 부활한다. 전두환, 노태우 신군부[12]는 김대중

---

12   12·12 군사 반란을 일으킨 하나회 출신 장성들을 박정희 군사정권 시대의 군부와 구분하기 위해 붙여진 이름.

의 사면과 복권도 약속한다.

신군부는 광주학살 만행 등 늑대의 포악성만 갖고 있는 집단이 아니었다. 그들은 여우의 교활함도 갖고 있었다. 김대중을 복권시켜 대통령에 출마할 수 있도록 하면, 김영삼과 김대중은 죽었다가 깨어나도 단일화를 이루지 못할 것이라 장담하고 있었다.

1987년 12월 12일 국회에서 여야가 합의해 개헌안이 통과됐다. 개헌안의 핵심은 대통령 직선제인데 결선투표제가 포함되지 않았다. 김영삼의 통일민주당이 개헌 논의에 동참했는데 결선투표제를 반영하지 못했다.

1987년 10월 27일 치러진 국민투표로 9차 헌법 개정이 이루어졌다. 78.2%의 투표율에 찬성 94.5% 반대 5.5%. 모든 국민이 그토록 열망하던 직선제 개헌이었는데 왜 5.5%의 반대표가 나왔을까? 그것은 아마도 직선제에 대한 반대라기보다 대통령 직선제에 결선투표제가 포함되지 않았기 때문일 것이다.

30년이 지나 2017년 정의당 심상정 대표는 "결선투표제는 사실 1987년 직선제 개헌을 하면서 실수로 빠뜨린 것"이라며 "과거 대선에서 핵심 정치 개혁 의제로 제시됐지만 보수 1당이 불리하다는 정략적 이유로 도입되지 못했다."고 말했다.

심상정의 지적대로 결선투표제는 보수 1당에 정략적으로 불리할까?

1997년 15대 대통령 선거에서 김대중 40.3%, 이회창 38.7%, 이인제 19.2%의 득표율을 기록했다. 당시 이회창의 한나라당은 보수 1당이었다. 한나라당의 공천 과정에서 탈락한 이인제가 탈당하지 않았다면, 보수 1당은 김영삼에 이어 정권 연장에 성공할 가능성이 높았다. 김대중은 대선을 앞두고 김종필과 'DJP 연합'을 한다. 1990년 3당 합당의 결과물이었던 '호남 고립 구도'가 1997년 대통령 선거를 계기로 형성된 DJP 연합으로 인해 '영남 고립 구도'로 바뀌며 정권 교체가 이루어진다. '영남 고립 구도' 속에서도 이회창은 김대중에게 1.6%포인트, 39만 표 차이라는 미세한 차이로 패배한다. 한나라당 출신 이인제가 얻은 490만 표는 결선투표제가 있었다면 이회창에게 보다 많이 결집될 가능성이 높았다.

김대중은 사면 복권이 된 뒤 제1야당이었던 통일민주당에 들어가지 않고 평화민주당이라는 신당을 만든다. 김대중은 통일민주당에서 김영삼과 경선을 하면 질 것이라고 판단했다. 김대중은 후보 단일화라는 바람직한 과정을 이행하지 않아도 정권 교체란 바람직한 결과를 만들 수 있다고 생각했다. 김대중이 김영삼과의 후보단일화를 거부하면서 내놓은 명분은 '4자 필승론'이었다. 민정당의 노태우 후보는 대구·경북(TK), YS는 부산·경남(PK), 김종필 공화당 후보는 충청에서 지지를 얻는다면, 호남과 수도권에서 지지율

〈표3-1〉 대한민국 제13대 대통령 선거

지역	노태우	김영삼	김대중	김종필
서울	168만 표	163만 표	183만 표	46만 표
경기	120만 표	80만 표	65만 표	25만 표
인천	33만 표	25만 표	18만 표	8만 표
충청	76만 표	46만 표	27만 표	79만 표
호남	30만 표	4만 표	271만 표	1만 표
부산, 경남 (PK)	143만 표	211만 표	21만 표	10만 표
대구, 경북 (TK)	191만 표	74만 표	7만 표	6만 표
전국	828만 표	634만 표	611만 표	182만 표
득표율	36.6%	28.0%	27.0%	8.1%

이 높은 자신이 반드시 당선된다는 것이었다.

개표 결과 노태우는 경북 1,108,035표(66.38%), 대구 800,363표 (70.69%)로 대구·경북 지역에서 몰표를 받았다. 노태우는 수도권 과 김영삼의 연고지인 경남에서 예상 밖으로 선전해 당선됐다. 특히 경기도에서 1,204,235표(41.44%)를 득표해 1위를 했고, 경남에서 792,757표(41.17%)를 득표했다. 김대중은 자신이 압승하리라고 생각했던 경기도에서 노태우에게 더블 스코어 차이로 패배했다.

4자 필승론은 김대중이 아니라 노태우에게 딱 들어맞는 선거 전략이었다. 신군부와 노태우는 6월 항쟁에 굴복할 때, 김영삼 - 김대중이 단일화를 하지 못할 것이라는 '양김 필승론'을 확신하고 있었다. 대통령 직선제와 민주화를 열망하던 대다수 국민들은 '양김 필패론'을 알고 있었는데 김대중은 왜 외면했을까?

1971년 유신 이전 마지막 대통령 직선제 선거에서 김대중은 박정희에게 94만 표 차이로 패배한다. 호남에서 62만 표 차이로 이겼지만 영남에서 158만 표 차이로 패배한다. 서울에서는 60%를 득표해 39만 표 차이로 승리한다. 16년이 지나 두 번째 대선에 나서며 김대중은 서울에서 압도적으로 이기고 영남이 TK(노태우)와 PK(김영삼)로 분리되면 필승한다는 아전인수(我田引水)식 계산을 했다.

노태우와 김종필을 보수, 김영삼과 김대중을 진보로 자리매김할 수 있다. 1987년 대선은 진보진영이 55%, 보수진영이 45%를 득표한 선거였지만 승자독식 방식인 대선에서 최후의 승자는 신군부의 2인자 노태우였다. 1987년 대선은 1948년 정부 수립 이후 치러진 대선에서 유일하게 진보진영이 55%를 득표한 선거였다. 그 후 진보진영에서 김대중과 노무현을 대통령으로 배출했지만, 두 사람 역시 득표율 50%를 넘지 못했다.

26년 군사정권을 끝내기 위해 시민들이 피를 뿌리며 16년 만에 쟁취한 대통령 직선제. 시민들은 진보진영에 55%의 표를 주며 최선을 다했지만 정치권은 끝내 희망을 무산시켰다.

6월 항쟁은 4·19혁명과 같은 미완의 혁명이다. 김영삼과 김대중, 지역감정에 기댄 양김의 권력욕으로 시민혁명은 정권 교체로 승화되지 못했다. 그러나 우리 국민들은 6월 항쟁으로 우리나라에 절차적 민주주의가 뿌리내릴 수 있는 계기를 마련케 했다. 형식적으로는 노태우 정권의 출범으로 귀결돼 군사주의가 완전히 종언을 고했다고 보기는 어렵지만, 정치·사회·문화적으로 민주주의의 이념과 제도가 뿌리내리는 결정적 계기가 되었다.

또한, 각계각층의 민주적인 시민운동이 비약적으로 발전하는 계기가 되었다. 6월 항쟁은 노동자, 학생, 시민, 빈민, 농민 등이 사회 전반에 걸쳐 전 지역적으로 전개한 투쟁이었고, 항쟁의 전 과정은 바로 이렇게 참여한 모든 사람들이 각성하고 조직적 힘을 발하는 계기가 되었다. 특히, 노소를 통해 조직화되어 나타난 7월과 8월, 9월의 노동자 대투쟁은 향후 노동자의 사회적 위상을 급격하게 높이는 결과를 가져왔다.

첫 수평적 정권 교체

1997년 대통령 선거에서 대한민국 헌정사상 첫 야당 대통령이 탄생했다. 이는 해방 이후 우리 국민들이 오래 동안 기다렸던 첫 수평적 정권 교체였다. 4·19혁명 이후 의원내각제의 제2공화국이 출범해 이승만의 자유당 정권을 대체했지만, 진정한 의미의 정권 교체라 부르기 어렵다. 더욱이 윤보선은 국회에서 간선으로 선출된 내각책임제에서의 대통령이었다.

1997년 대선에서 여야의 정권 교체가 이루진 것은 IMF 사태와 밀접한 관계가 있다.

1997년 1월초 대통령 임기 말년의 김영삼은 노동법을 바꾸려다 노동계와 국민들의 거센 저항을 받는다. 1월 23일에는 한보철강이 부도로 도산하지만 정부는 이것이 외환 위기의 전주곡이라는 사실을 알지 못한다. 한보그룹 회장 정태수는 구속되고 한보 사태 수사 중 김영삼의 아들 김현철이 비리에 연루되어 구속된다. 김영삼은 대국민 사과 성명을 발표한다.

그해 여름에 재벌기업 기아자동차가 도산하고 증시가 폭락하며 경제는 더욱 더 깊은 수렁에 빠진다. 대통령 선거가 다가올수록 경제 상황은 악화된다. 11월 18일, 환율은 달러 당 1,000원선을 훨씬 뛰어넘어 거래가 중단되는 사태가 벌어진다. 11월 21일, 정부는 결국 IMF에 구제금융을 요청한다. IMF를 받아들이고 12월 11일, 환율이 1,700원대까지 폭등하고 그 다음날 증권업계 4위인 동서증권이 도산한다. 환율은 12월 2,000원대까지 오른다.

15대 대통령 선거 1년 전부터 김영삼이 선장인 한국경제호는 IMF 격랑 속으로 향해가고 있었지만 여론조사는 여권 후보들이 강세를 나타냈다. 1997년 1월 3일 〈경향신문〉 여론조사에서 박찬종 16.5%, 이회창 16.3%, 김대중 15.3%로 여당인 신한국당 후보들이 1, 2위를 차지한다. 4월 7일 〈경향신문〉 여론조사에서도 여당 후보들이 야당 후보들을 앞서고 있었다. 이회창 20.5%, 박찬종 19.5%, 새정치연합의 김대중 15.3%, 통합민주당의 조순 10.1%를 차지했다.

기아자동차가 부도가 난 뒤인 7월 22일 〈동아일보〉 여론조사에서는 이회창 40.4%, 김대중 26.6%로 나타났다.

그러나 이회창은 두 아들의 병역 면제 의혹이 불거지면서 지지율이 폭락한다. 8월 31일 리서치앤리서치 여론조사에서 김대중 29.7%, 이인제 31.7%, 이회창 15.6%로 대선주자들의 지지율이 크게 요동친다. 이회창의 두 아들 이정연, 이수연 씨 모두 병역을 면제 받았다는 의혹이 일어났고, 특히 이회창의 장남 이정연의 경우 최초 병무청 징병검사에서 1급 현역 판정을 받았으나 추후 정밀 신체검사에서 신장 179cm에 45kg으로 군입대 면제를 받은 것에 대한 의혹이 제기됐다. 이회창 캠프는 장남이 희귀병을 알아 그렇게 됐다고 해명했으나 성인 남성의 키가 179cm이면 뼈 무게만 해도 45kg이 넘을 것이라는 가담항설(街談巷說)이 돌기도 했다. 아들의 병역 의혹은 5년 뒤인 2002년 대선에서도 이회창에게 걸림돌이 되었다.

이회창의 지지율이 폭락하자 이인제가 신한국당을 탈당해 국민신당 후보로 독자 출마한다. 이인제는 신한국당 대통령 경선에서 이회창에게 패배했으나 경선을 불복하고 뛰쳐나온 것이다. 9월 18일 〈동아일보〉 여론조사에서 김대중 29.7%, 이인제 24%, 이회창 15.6%로 집권 여당 후보가 3위로 밀려나게 된다. 이인제는 보수진영의 표가 자신에게 몰릴 것이라 기대했지만 대선 결과 3위를 기록한다.

이인제는 득표율 19.2%, 500만 표를 얻는다. 이인제의 500만 표는 결과적으로 대한민국 헌정사상 첫 수평적 정권 교체에 크게 기

〈표3-2〉 대한민국 15대 대통령 선거 결과

후보	김대중	이회창	이인제
정당	새정치국민회의	한나라당	국민신당
득표수	10,326,275	9,935,718	4,925,591
득표율	40.3%	38.7%	19.2%

여했다. 이인제는 대구·경북(TK)에서 50만 표, 부산·경남(PK)에서 127만 표를 받아 영남 지역에서 177만 표를 얻는다. 이인제가 경선에 불복하며 대선에 출마하지 않았다면, 177만 표 가운데 김대중에게 갈 표는 일부에 지나지 않았을 것이다. 1971년 대통령 선거에서 본격적으로 시작된 영호남 지역주의는 반세기 가까운 세월이 지나도 쉽게 사라지지 않았다.

김대중은 대선 4수 끝에 대통령이 된다. 1971년 대선 첫 출마 이후 26년 만이다. 김영삼, 이철승과 함께 40대 기수론으로 대선에 도전했던 김대중은, 70대에 드디어 대통령이 된 것이다. 마지막 출마라고 생각했던 김대중은 대선 막판 뜻밖의 연합을 한다. 이회창이 민주당의 조순과 연합하자 이에 맞서 김대중(DJ)은 김종필(JP)과 연합한다. 김종필은 박정희의 책사로 군사 쿠데타를 기획한 것을 평생 자랑으로 삼은 보수적 인물이었다. DJP 연합은 보수와 진보의 연합이었고, 충청과 호남의 연합이었다.

DJP 연합이 없었다면 수평적 정권 교체는 힘들었을 것이다. 김대중은 1987년 대선에서 '4자 필승론'으로 패배한 것에서 많은 것을 배웠다. 1987년 대선에서 유력 후보 4명이 노태우 - 김영삼 - 김대중 - 김종필이었다면, 1997년 대선에서 유력 후보 4명은 이회창 - 김대중 - 이인제 - 김종필이라 할 수 있다. 만약 김대중이 1987년처럼 '4자 필승론'으로 대선을 치렀다면, 정권 교체는 물 건너갔을 것이다.

DJP 연합은 보수 - 진보진영의 연합이라기보다 지역주의의 연합이라 할 수 있다. 1997년 대선 결과를 지도로 보면 대한민국이 동쪽과 서쪽으로 나뉜다. 서울, 경기, 충청, 호남, 제주는 김대중을 지지했고, 강원과 영남은 이회창을 지지했다. 5년 뒤인 2002년 노무현과 이회창의 대결에서도 동서 분할은 계속된다.

영남의 유권자수가 호남의 2배가 넘는 정치지형 속에서 다른 지역이 중립을 지킨다는 전제 아래 호남은 맞대결로는 영남을 이길 수 없다. 1971년 대선에서 공화당 의장 이효상이 '신라 임금론'을 들고 나온 이유가 여기에 있다. 이효상은 지역주의를 자극하면 정치 공학적 계산으로 경상도 출신 박정희가 전라도 출신 김대중을 이길 것이라 확신했다.

"이 고장은 신라 천 년의 찬란한 문화를 자랑하는 고장이건만, 그 긍지를 잇는 이 고장의 임금은 여태껏 한 사람도 없었다. 박정희 후보는 신라 임금의 자랑스러운 후손이며, 이제 그를 대통령으로 뽑아 이 고장 사람으로 천 년 만 년 임금님을 모시자."

대구·경북(TK) 출신 이효상의 연설은 부산·경남(PK) 출신 김기춘의 '초원복집 사건'과 함께 우리 정치사에 기록된 가장 악의적인 지역감정 조장 사건이다. 1992년 대선에서 당시 법무부장관 김기춘은 박일용 부산지방경찰청장, 이규삼 안기부 부산지부장 등 부산지역 기관장 8명을 초원복집에 소집했다. 이 모임은 지역감정을 부추겨 부산·경남 출신 김영삼을 당선시키자는 대책 회의였다. 부산·경남 기관장들은 "우리가 남이가?", "부산, 경남, 경북까지만 딱 단결하면 안 되는 일이 없다. 민간에서 지역감정을 좀 부추겨야 돼!" 등의 발언을 쏟아냈다.

김대중의 승리는 곧 이회창의 패배였다. 1997년과 2002년 대선을 앞두고 이회창은 40%대 지지율 고공 행진을 이어가며 대세론을 형성할 정도였지만, 막판 여러 변수로 우위를 지키지 못했다. 이회창은 한마디로 대세론에 안주해 패배했다고 볼 수 있다. 그가 대세론에 안주한 이유는 엘리트주의와 밀접한 관계가 있다.

매스미디어에서 보이는 이회창의 이미지는 항상 정돈된 헤어스타일의 보수적인 판사의 모습이다. 그러나 술을 마시면 그의 말은 좀 거칠어지기도 했다.

1997년 신한국당 대선 경선 직후 술자리에 참석했던 중앙언론사 기자는 당시 이회창의 모습을 이렇게 그리고 있다.

폭탄주가 세 잔째인가 돌았을 때였다. 한 언론사 기자에게 여당 대선후보 이회창이 말했다.

"내 기사 똑바로 써줘. 그렇지 않으면 재미없어." 기자들은 순전히 농담으로 받아들였다. 그 기자도 말을 받아 농을 던졌다. "그런 식으로 하면 대통령 안 돼요!"

이 총재의 농담은 계속됐다. "잘 쓰라고. 그렇지 않으면 내 자네 창자를 뽑을 거야."

'창자 발언'이 있고 나서 대선을 두 달 앞두고 이회창은 기자들과 다시 술자리를 갖는다. 이회창이 한 기자에게 "어느 대학 출신이냐?"고 묻는다. 기자가 고려대 출신이라고 답하자 이회창이 다시 말한다. "요즘은 그 대학 나오고도 기자가 될 수 있냐?"

이 말은 단순히 술자리 농담이라고 변명하기 어려운 말이다. 명문대인 고려대를 폄훼한 이 말은 이회창이 얼마나 심한 엘리트주의에 젖어 있는지 알 수 있게 해준다.

이회창이 패배한 원인 가운데 하나는 이인제를 끌어안지 못했다는 것이다. 아들 병역 비리 의혹으로 이회창의 지지율이 급락하자 경선에 불복하고 뛰쳐 나간 이인제가 적전분열(敵前分裂)의 근본 원인을 제공한 것은 맞다. 그러나 이회창은 서울법대 후배인 이인제를 찾아가 협상을 시도하는 넓은 마음을 보여주지 못했다. 이회창은 고교평준화 이전 수도권 최고 명문고인 경기고(K1)를 나왔고, 이인제는 경기고에 버금가는 경복고(K2)를 졸업했다. 항간에는 K1 출신에 대한 자부심이 강한 이회창이 K2 출신인 이인제를 도저히 끌어안을 수 없었을 것이란 말이 돌았다. 고대 출신 기자에게 한 말을 빗대면 이회창은 이인제에게 이런 말을 하고 싶었는지도 모를 일이다.

'요즘은 K2 나오고도 대통령되려고 하는 사람 있냐?'

우리 사회는 미국보다 좋은 학력이나 학벌을 추구한다. 부모들이 자녀의 학원비와 과외비에 비정상적으로 많은 돈을 지출하는 이유도 좋은 대학을 보내기 위해서다. 좋은 대학 가운데 서울대를 보낸 부모는 마치 자신이 큰 벼슬을 한 것 마냥 어깨가 올라가고 의기양양해진다.

그러나 서울대 출신들은 대통령 선거에서 유독 고전을 면치 못하고 있다. 1997년 여당인 신한국당은 대선 1년 전부터 '9룡(龍)'이라고 불리는 9명의 주자가 경쟁했다. 9명 가운데 이회창·이인제·이수성·이홍구·김덕룡·이한동·박찬종 등 7명이 서울대 출신이었다. 결국 이 가운데 이회창과 이인제가 대통령 선거 본선에 진출했으나 목포상고 출신 김대중에게 패배했다.

　상업고등학교 출신 대통령은 김대중에서 그치지 않았다. 이후 연달아 부산상고 출신 노무현, 동지상고 출신 이명박이 대통령에 당선됐다. 서울대 출신들이 대학 입시나 사법고시 같은 시험을 보는 것에는 일가견이 있지만, 상고 출신보다 대선에서 국민들의 마음을 얻는 것에는 부족함이 있었던 것이 아닌가 생각된다. 다른 모든 분야가 학벌주의에 빠져 있다 하더라도 대통령 선거에서 만큼은 엘리트주의에서 벗어날 수 있다면, 그래도 아직 희망이 있는 사회라고 봐야 하지 않을까?

다시 변화를 선택하다

2007년 한국 대선은 우리 헌정사상 두 번째 수평적 정권 교체를 낳았다. 1997년 대선에서 해방 이후 처음으로 보수진영에서 진보진영으로 정권 교체가 됐고, 10년 뒤 치러진 2007년 대선에서 다시 진보진영에서 보수진영으로 정권 교체가 이루어졌다.

선거를 통해 수평적 정권 교체가 두 번 이루어졌다는 것은, 절차적 민주주의가 상당 부분 완성되었다는 뜻이다. 대한민국 국민들은 정부가 제대로 일을 하지 못하면, 다음 선거에서 정권을 바꿀 수 있는 희망을 갖게 됐다.

대통령제는 양당제와 어울리고, 내각책임제는 다당제와 부합한다. 미국은 대통령제를 처음 만들면서 정당제도를 양당제로 안착시켰다. 2016년 미국 대선에서 나타난 '트럼프 현상'과 '샌더스 현상'은 공화 – 민주 양당에 대한 염증에서 비롯됐다는 분석이 많다. 양당제에 대한 불만으로 향후 미국에서 영향력 있는 제3의 정당이 출현할 수 있다고 예상하는 전문가들도 나오고 있다. 미국에서 제3의 정당은 언제든지 출현할 수 있지만, 그 정당의 대선후보가 승자독식 선거 방식에서 100표 이상의 선거인단을 확보할 수 있을지는 좀 더 지켜봐야 할 것이다.

선거인단에서 270표 이상을 얻어야 미국 대통령이 되는데, 1992년 대선에서 무소속으로 나온 로스 페로는 국민투표에서는 18.9%를 얻었지만 선거인단은 단 1표도 얻지 못했다. 다시 말해 로스 페로는 미국 50주 가운데 단 1곳에서도 1등을 하지 못했다는 의미이다. 무소속이었던 트럼프가 공화당 경선을 통해 대통령에 도전한 이유 가운데 하나가 페로의 실패에서 얻은 교훈 때문이다. 샌더스 역시 무소속이었지만 민주당 경선을 통해 대권에 도전한 것도 비슷한 맥락이다.

우리나라는 1987년 이후 대선에서 2002년과 2012년 2번만 양당제로 치러졌고, 나머지 4번은 다당제로 치러졌다. 다당제 상태에서 치러지는 대선은 당선자의 득표율이 45%를 넘기 어렵다. 노태우는 1987년 대선에서 36.6%를 득표해 대통령이 됐다. 우리 헌정사

〈표3-3〉 대한민국 17대 대통령 선거 결과

후보	이명박	정동영	이회창	문국현	권영길
정당	한나라당	대통합민주신당	무소속	창조한국당	민주노동당
득표수	11,492,389	6,174,681	3,559,963	1,375,498	712,121
득표율	48.7%	26.1%	15.1%	5.8%	3.0%

상 처음으로 득표율 40%를 밑도는 대통령이었다. 대통령으로서의 대표성과 정통성을 제대로 갖추지 못한 노태우는 결국 임기 중 김영삼, 김종필과 '3당 합당'을 하지 않을 수 없게 된다.

다당제 상태에서 대통령 선거를 치를 경우 결선투표제가 필요한 이유가 여기에 있다. 대표적으로 다당제 정치 시스템을 갖고 있는 프랑스는 결선투표제를 실시하고 있다. 미국은 결선투표제가 없지만, 대통령이 되려면 선거인단의 과반수인 270표 이상을 얻어야 한다. 1992년 대선에서 빌 클린턴은 국민투표에서 43.1%로 과반수를 얻지 못했지만, 선거인단에서 370표를 얻어 과반보다 100표를 더 얻었다.

2007년 한국 대선은 다당제 상태에서 치러졌다. 제1야당 후보 이명박은 야권 후보가 난립한 상황에서 48.7%를 득표한다. 이명박은 2위를 차지한 여당 후보 정동영보다 530만 표를 더 얻었다.

2007년 대선은 제1야당인 한나라당 경선이 실질적인 본선이라는 분위기였다. 선거 6개월 전 여권에는 여론조사에서 지지율이 10%를 넘는 후보가 한 명도 없었다.

여권에도 2006년까지 지지율 30% 가까이 얻으며 대세론을 형성했던 유력주자가 있었다. 노무현 탄핵 정국에서 대통령 권한대행으로서 뛰어난 위기관리 능력을 보여준 '행정의 달인' 고건이다. 그는 지지율 면에서 한나라당 이명박, 박근혜와 맞설 유일한 여권 후보였지만 2007년 1월 16일 출마를 포기한다. 당시 대통령이었던 노무현이 총리를 지낸 고건에게 힘을 실어주지 않자 지지율 하락으로 이어졌기 때문이다. 노무현은 고건의 총리 기용이 결과적으로 실패한 인사라고 언급하면서 노골적인 반대 의사를 피력했다. 고건은 회고록에서 당시 상황을 이렇게 언급한다.

"민주당계 정당 후보는 영남에서 어느 정도 지지를 받아야 당선될 수 있는데, 호남 출신이라 그런지 여론조사 결과 영남에서 지지율이 별로 나오지 않았다. 당선 가능성이 높지 않아 보여 포기했다."

고건의 말대로 호남 출신 정동영이 여권 대선후보로 출마했으나 영남에서 지지율이 나오지 않아 본선에서 이명박에게 크게 진다.

고건 전 총리의 출마 포기 이후, 17대 대통령 고지는 한나라당 후보에게 무주공산(無主空山)이나 다름없었다. 2007년 5월 16일 〈문화일보〉여론조사 결과는, 이명박 48.9%, 박근혜 22.4%, 손학규 4.6%, 정동영 2.5%였다. 1, 2위가 한나라당 후보였고 3, 4위가 여당 후보였는데, 여당 두 후보의 지지지율을 더해도 10%가 넘지 않았다.

한나라당 후보 이명박과 박근혜에게는 경선이 곧 본선이었기 때문에 '경선 룰'과 관련해 두 후보가 치열하게 싸웠다. 이명박은 여론조사 지지율 1위이기 때문에 선거인단에서 비당원의 비중이 높아지는 것을 원했고, 박근혜는 당내 기반이 튼튼하기 때문에 당원들의 비중이 확대되는 것을 원했다.

한나라당 지도부는 여러 차례 중재안을 내놨지만 두 후보 사이의 간극은 좀처럼 좁혀지지 않았다. 이명박은 경선에서 여론조사 반영이 확대되는 것을 환영했지만, 박근혜는 여론조사 비율 최저한도 보장 조항에 크게 반발해 당이 쪼개질 수 있는 위기까지 거론됐다. 두 후보의 한 치도 양보 없는 '경선 룰' 다툼은 이명박의 양보로 극적인 합의를 이룬다.

이명박은 경선에서 여론조사 비율을 확대하지 않아도 박근혜에게 이길 수 있다는 계산을 끝낸 상태였다. 물론 여론조사 비율을 확대하면 박근혜에게 압승할 수 있는 일종의 안전판을 확보할 수 있다. 그러나 안전판을 확보하려다 박근혜가 경선 룰에 불복해 당을 뛰쳐나가 독자 후보로 출마하는 최악의 변수를 맞이할 수 있다. 박근혜는 5년 전인 2002년 대선에서 이회창과 경선 룰과 관련해 옥신각신하다 탈당을 한 전력이 있었다.

보수당 입장에선 '이인제 경선 불복'이란 가슴 아픈 기억이 있다. 1997년 대선에서 이인제가 탈당해 독자 출마하며 보수표가 분산돼 헌정사상 첫 평화적 정권 교체가 이루어졌다. 이명박 입장에서 박근혜가 탈당해 독자 출마한다면 본선에서 승리를 장담할 수 없었다.

한나라당 경선 룰이 확정된 뒤에도 여론조사에서 이명박과 박근혜의 지지율은 큰 변동이 없었다. 7월 14일 〈조선일보〉 여론조사에서 이명박 40.0%, 박근혜 25.8%, 손학규 7.3%의 결과가 나왔다. 8월 20일 전당대회에서 이명박은 한나라당 17대 대선후보로 확정되었다. 이명박은 선거인단투표에서 박근혜에게 득표율 49.39% 대 49.06%로 적게 졌지만, 여론조사 투표에서 51.54% 대 42.74%로 크게 이겼다.

박근혜는 경선을 승복했지만 보수진영에서 이회창이 대선을 한 달여 앞두고 출마를 선언했다. 이회창은 1997년과 2002년 대선에서 보수진영 후보로 출마해 대세론을 형성했지만, 두 번 모두 국민의 선택을 받지 못했다. 이회창은 BBK 관련 주가조작과 도곡동 땅투기 의혹으로 도덕성에 흠집이 있는 지지율 1위 후보 이명박을 공격하며 3번째 대선에 도전했다. 이회창은 출마 선언 직후 지지율

2위에 오르기도 했다. 11월 7일 리서치앤리서치 여론조사에서 이명박 39.8%, 이회창 19.8%, 정동영 10.5%, 문국현 3.9%, 권영길 3.4%의 결과가 나왔다. 그러나 언론 발표가 가능한 마지막 여론조사에서 이회창은 3위로 추락한다. 12월 12일 한국갤럽 여론조사에서 이명박 45.4%, 정동영 17.5%, 이회창 13.6%의 결과가 나온다.

12월 19일 선거 결과, 이명박은 48.7%의 득표율을 기록하며 대통령에 당선된다. 정동영은 호남 지역에서 승리했지만, 이명박은 호남을 제외한 수도권, 충청, 영남, 강원, 제주 지역에서 승리했다. 이명박은 김대중에 이어 두 번째 수평적 정권 교체를 이루었다.

PART 2

경제 선거와
정권 교체

CHAPTER 4

미국의
경제 선거

뒤집힌 러스트 벨트

〈그림4-1〉 러스트 벨트 지역

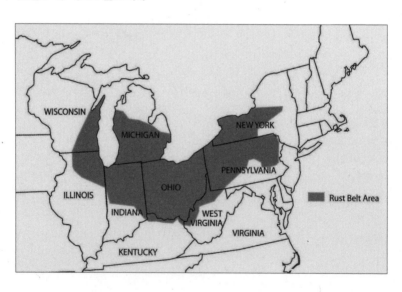

"위험한 사이코패스 트럼프가 우리의 다음 대통령이 될 것이다."

영화감독 마이클 무어Michael Moore [13]는 대통령 선거 4개월 전 트럼프의 당선을 예언했다. 무어는 2016년 7월 〈허핑턴포스트〉 블로그에 '트럼프가 승리할 5가지 이유(5 Reasons Why Trump Will Win)'라는 제목의 글을 올렸다.

첫째, NAFTA(북미자유무역협정)를 지지하는 힐러리의 공약이 러스트 벨트[14]지역 주민들의 반감을 살 것이라고 내다봤다. 멕시코 등과 자유무역이 확대되면 미국 공업지대는 침체의 늪에서 벗어날 수 없다고 판단했기 때문이다. 개표 결과, 트럼프는 러스트 벨트에 속한 미시간·펜실베이니아·오하이오·위스콘신 주 선거인단 64명을 싹쓸이했다.

둘째, 백인 남성들의 최후 저항이다. 8년간 흑인 남성의 지배를 견딘 백인 남성들이 여성이 두목 노릇하는 것을 두고 보지는 않을 것이라고 무어는 분석했다.

13　마이클 무어 : 9·11 테러와 관련해 부시 미국 대통령 가문과 사우디아라비아 왕가 그리고 빈 라덴 가문 사이의 끈끈한 유착관계를 폭로한 다큐멘터리 영화 〈화씨 911〉로 칸 영화제 황금종려상을 수상한 영화감독.

14　러스트 벨트(Rust belt) : 미국 제조업의 호황을 구가했던 중심지였으나 제조업의 사양화 등으로 불황을 맞은 지역. 자동차 산업 중심지 디트로이트, 철강 산업의 메카 피츠버그, 그밖에 필라델피아, 볼티모어 등이 이에 속한다.

셋째, 트럼프가 문제라기보다 힐러리가 너무 인기 없는 것이 문제라고 했다. "유권자 70% 가량이 힐러리를 믿을 수 없다고 생각한다. 특히 젊은이들이 힐러리를 좋아하지 않는다. 그 어떤 민주당원도 오바마가 대통령이 됐을 때처럼 기쁜 마음으로 투표하지 않을 것"이라고 무어는 말했다.

넷째, 민주당 대선후보 경선에서 힐러리와 막판까지 경합했던 버니 샌더스 상원의원 지지자들이 트럼프를 찍지는 않겠지만, 힐러리에게 표를 주는 것을 썩 내켜하지 않을 것이라고 말했다.

다섯째, 제시 벤추라Jesse Ventura 효과를 들었다. 프로레슬러 출신인

⟨표4-1⟩ 미국 러스트 벨트 지역 2016년 대선 결과

지역 (선거인단 수)	도널드 트럼프(공화당)		힐러리 클린턴(민주당)	
	득표수	득표율	득표수	득표율
미시간 (16표)	2,279,543	47.50%	2,268,839	47.25%
오하이오 (18표)	2,841,005	51.69%	2,394,164	43.56%
펜실베이니아 (20표)	2,970,733	48.58%	2,926,441	47.85%
위스콘신 (10표)	1,405,284	47.22%	1,382,536	46.45%
미국 전체	62,985,105	45.94%	65,853,625	48.03%

벤추라는 1998년 미네소타 주지사에 당선된 인물이다. 과거 벤추라를 뽑았을 때처럼 사람들이 병든 정치 시스템에 대한 분노의 표시로 트럼프를 뽑는 장난을 칠 것이라고 무어는 지적했다.

무어의 예언 가운데 가장 놀라운 부분은 러스트 벨트의 반란이다. 트럼프는 러스트 벨트에서 이기면서 힐러리에게 카운터펀치를 날렸다. 힐러리는 민주당 성향의 미시간과 위스콘신 등의 텃밭을 내주며 힘없이 무너졌다. 미시간과 위스콘신은 1992년부터 2012년까지 6번의 대선에서 민주당이 모두 승리한 블루 스테이트Blue State 15다. 24년 동안 민주당을 지지했던 블루 스테이트가 하루아침에 레드 스테이트Red State로 뒤집힌 것이다.

우리나라에 비유하면 1971년 대선부터 김대중의 신민당 등 전통적으로 진보적인 정당을 지지했던 호남이 보수당 대선 후보에게 더 많은 표를 준 셈이다. 우리나라는 40년 넘게 대선에서 영호남 지역주의가 변하지 않고 있지만, 미국 대선에선 이처럼 특정 지역이 20년 넘게 지지하던 정당을 바꾸는 경우가 종종 나오고 있다. 캘리포니아는 2016년 미국 대선에서 유권자의 61.5%가 힐러리를 지지

---

15 블루 스테이트(blue state)는 민주당을 지지하는 주, 레드 스테이트(red state)는 공화당을 지지하는 주를 말한다.

했을 만큼 민주당 지지 세력이 많은 지역이지만, 1980년 대선에서는 공화당 후보 레이건을 지지했던 레드 스테이트였다.

2016년 미국 대선에서 초박빙의 승부를 벌인 곳은 4개 주이다. 미시간(0.25%포인트 차), 뉴햄프셔(0.37%포인트 차), 펜실베이니아(0.72%포인트 차), 위스콘신(0.76%포인트 차) 4개 주 가운데 3개 주가 러스트 벨트 지역이다. 트럼프는 전체 국민투표에서 290만 표 차이로, 득표율에서 2.1%포인트 차로 힐러리에게 졌지만 대통령이 됐다. 대통령 선거인단에서 304표를 얻어 227표를 얻은 힐러리를 77표 차이로 이겼다.

300만 표 가까이 전체투표에서 지고도 선거인단투표에서 이긴 이유는 무엇일까? 미시간, 펜실베이니아, 위스콘신 등 박빙 승부처에서 이겼기 때문이다. 힐러리는 미국에서 가장 인구가 많은 캘리포니아 주에서 트럼프에게 430만 표 차이로 승리했다. 트럼프는 미시간, 펜실베이니아, 위스콘신에서 힐러리보다 7만 표를 더 얻었다. 여기에 나머지 러스트 벨트인 오하이오를 더하면 표 차이는 51만 표가 된다. 트럼프는 51만 표 차이로 러스트 벨트 4개 주에서 선거인단 64표를 얻었고, 힐러리는 430만 표 차이로 캘리포니아에서 이겼지만 55표의 선거인단을 얻는 데 그쳤다.

미국 대통령은 선거인단에서 270표 이상을 얻어야 당선이 확정

〈그림4-2〉 미국 주별 선거인단 숫자

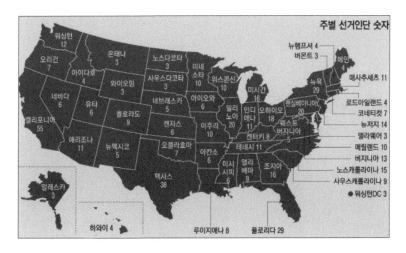

된다. 만약 러스트 벨트 초박빙 3개 주에서 힐러리가 이겼다면 결과는 어떻게 됐을까? 힐러리 273표, 트럼프 268표로 선거인단에서 힐러리가 과반수를 차지해 대통령이 되었을 것이다. 결국 힐러리는 러스트 벨트 3개 주에서 7만 표를 더 얻지 못해 고배를 마신 셈이다.

미국 대통령 선거는 51개의 선거지역에서 치러졌다. 50개 주와 워싱턴D.C.는 인구수에 따라 각각의 선거인단수를 갖고 있다. 캘리포니아(55), 텍사스(38), 뉴욕(29), 플로리다(29) 등 4개 주는 선거인단수가 많아 빅4 스테이트로 불린다. 그러나 미 대선에서 가장 결정적인 영향력이 있는 주는 러스트 벨트에 있는 오하이오다.

미국에서 대통령이 되기 위해서는 오하이오 주에서 승리해야 한다는 속설이 있다. 오하이오 유권자들은 지난 31번 대통령 선거에서 29번이나 대통령 당선자를 골라냈다. 2차 세계대전 이후 미국 대선에서 오하이오를 빼앗기고도 당선된 대통령은 존 F. 케네디가 유일하다. 이 때문에 미국 정계에서는 오하이오 징크스가 있다. 케네디가 민주당 소속이기 때문에 오하이오 주의 선거인단을 빼앗긴 공화당 후보는 대통령에 당선되지 못한다는 법칙이다. 심지어 "오하이오가 가면 미국이 간다(As Ohio goes, so goes the nation)."라는 말까지 있다.

2000년 대선에서 아들 조지 W. 부시는 오하이오 주에서 이겨서 앨 고어보다 더 적은 표를 받고도 대통령이 되었고, 2012년 대선에서 역시 버락 오바마가 오하이오 주의 선거인단을 확보한 뒤 미트 롬니Mitt Romney를 상대로 대선에서 승리를 거두었다. 2016년 대선에서 트럼프 역시 오하이오에서 이기면서 더 적은 국민투표를 얻고도 대통령이 됐다. 오하이오 불패신화가 계속 될 것인지, 앞으로 미국 대선을 지켜볼 때 관전 포인트 가운데 하나가 될 것이다.

러스트 벨트가 블루 스테이트에서 레드 스테이트로 뒤집힌 것은 경제적으로 어려움을 겪고 있기 때문이다. 담대한 희망과 변화를 기치로 내건 민주당의 오바마에게 8년의 기회를 줬지만 피츠버그, 디트로이트 등 공업도시들이 줄지어 있는 러스트 벨트 지역의 경제는 나아지지 않았다.

"가난 구제는 나라님도 못한다."는 우리의 옛 속담은 어렵게 살았던 과거, 가난의 개인적 책임이 크다는 한국적 윤리의식이 깔려 있는 말이다. 이 속담이 서민들의 삶을 제대로 살피지 못한 대통령에게 면죄부를 주는 말이 되어서는 안 되겠지만, 그만큼 지도자의 능력과 의지로 경제를 살리기가 쉽지 않다는 말로 이해될 수도 있을 것이다.

결국 러스트 벨트의 경기 침체가 미국의 정권 교체를 선택한 셈이 됐다. 특히 러스트 벨트의 백인 노동자들이 샤이 트럼프Shy Trump 16가 되어 여론조사의 예상을 뒤엎고 공화당 정권을 탄생시킨 것이다.

---

16 샤이 트럼프(Shy Trump) : shy는 '수줍음, 표현하기 꺼려하는'의 뜻이 있다. 도덕적 하자가 있는 트럼프를 공개적으로 지지하지는 못했지만 조용히 지지하고 투표한 사람을 일컫는 말이다.

백인 노동자, 자본가를 선택하다

러스트 벨트의 대표적인 도시는 피츠버그와 디트로이트다. 피츠버그는 철강 산업, 디트로이트는 자동차 산업으로 미국 경제의 심장이 되었던 도시들이다.

피츠버그는 펜실베이니아 주에서 두 번째로 큰 도시다. 야구선수 강정호가 뛰는 '피츠버그 파이어리츠Pittsburgh Pirates'가 이 도시에 있다. 1933년 피츠버그에 또 하나의 '파이어리츠'란 이름의 프로구단이 등장한다. 미식축구팀 '파이어리츠'는 그러나 1940년 '피츠버그 스틸러스Pittsburgh Steelers'로 개명한다. 미국 제1의 철강steel 도시를 상징하기 위해서였다. '강철'구단으로 이름을 바꾼 뒤 스틸러스는 슈퍼볼 최다 우승팀이 된다.

피츠버그는 1800년대부터 철강과 유리 제품을 생산하는 공업도시였다. 1875년 '철강 왕' 앤드류 카네기Andrew Carnegie가 피츠버그에 제철소를 만들면서 철강 도시로 자리매김 됐고, 1901년 JP모건이 카네기의 제철소를 사들여 철강기업 'US스틸'을 세우면서 피츠버그의 전성기가 시작된다.

20세기 제철소에서 뿜어내던 연기 때문에 대기오염이 심해 '연기의 도시(Smoky city)'라는 별명이 붙었던 피츠버그. 그러나 US스틸의 쇠락과 함께 녹슨 공업도시로 변해간다. 20세기 후반부터 철강 산업의 무게 중심이 한국, 일본, 중국 등 아시아 지역으로 넘어갔기 때문이다.

1980년에서 1986년 사이 피츠버그 시의 제조업 고용은 42% 감소한다. 21세기 들어서는 중국이 싼 값에 철강을 수출하면서 세계 10위의 철강기업 US스틸은 종업원의 25%를 감축한다. 주민들이 일자리를 찾아 다른 도시로 떠나는 바람에 피츠버그 인구는 전성기에 비해 절반 수준으로 줄어든다.

디트로이트에도 피츠버그 스틸러스 같은 도시의 대표 산업을 상징하는 프로구단이 있다. NBA 농구팀 '디트로이트 피스톤스Detroit Pistons'는 미국 최고의 자동차 도시 디트로이트를 상징한다. 자동차 엔진 실린더 안에서 왕복 운동을 하는 원통 모양 부품인 피스톤을 프로구단의 상징으로 삼은 것이 기발하다.

피츠버그에 카네기가 있다면 디트로이트에는 헨리 포드^{Henry Ford}가 있다. 1903년 헨리 포드는 디트로이트에 공장을 세운 뒤 여기서 자동차 시대를 연 '모델 T'를 생산한다. 모델 T는 저렴한 가격으로 당시 부자들만 타던 자동차에 대한 인식을 바꿔놓았다. 중산층들도 자동차를 소유하게 되면서 디트로이트는 미국 최고의 공업도시가 된다.

벽돌공장에서 벽돌 찍어내듯이 포드, GM, 크라이슬러 등 빅3 공장에서 자동차를 생산하던 시절이 있었다. 1950년대 180만 명이 살았던 디트로이트는 자동차 산업 쇠퇴와 함께 2017년 현재 60만 명이 사는 도시가 됐다. 자동차 산업에서 미국이 독일과 일본에게 주도권을 넘겨주면서 디트로이트의 비극도 시작됐다. 사회 양극화가 심해 범죄율이 높아지면서 디트로이트는 50만 명 이상이 거주하고 있는 미국 도시 가운데 가장 위험한 도시로 손꼽히고 있다.

2013년 7월, 디트로이트는 미국 최대 수준의 '지자체 파산'을 선언한다. 당시 디트로이트는 180억 달러의 부채를 갚지 못한다고 밝혔다.

트럼프는 선거 전부터 '샤이 트럼프'인 백인 '숨은 표'가 러스트 벨트에 많다고 말했다. 트럼프의 예언은 적중했다. 트럼프가 예상을 깨고 승리한 데는 블루칼라 백인 유권자의 결집이 결정적 역할을 한 것으로 분석된다. 세계화와 기득권에 대한 백인 노동자들의 소외감과 분노가 고스란히 '고립주의'와 '미국 제일주의', '보호 무역주의'를 외친 트럼프 지지로 이어진 것이다.

선거 당일 CNN이 투표자 25,000명을 대상으로 한 출구조사 결과를 보면 전국적으로 대학 졸업장이 없는 백인 남성의 72%가 트럼프에게 몰표를 준 것으로 확인됐다. 대표적인 러스트 벨트인 오하이오는 백인 노동자 계층을 기반으로 해서 지난 수십 년간 주로 민주당에 표를 준 지역이었다. 그러나 이번 선거에서는 이들 백인 노동자 계층, 그중에서도 대학 학위가 없는 유권자들이 대거 공화당을 선택했다. 이 지역 백인 노동자들은 뉴욕과 샌프란시스코 등 동부와 서부 연안 도시에 사는 백인 엘리트들에게 뒤처졌다고 느끼고 있다. 백인 엘리트들은 대부분 대졸 이상의 학력을 갖고 있다. 그들은 또 뉴욕의 금융 산업과 샌프란시스코의 IT 산업에서 큰돈을 번 사람들이다. 동부와 서부의 백인 엘리트들이 빌 클린턴 이후 계속해서 민주당을 지지한 것도 백인 노동자들의 변심에 영향을 주었다.

러스트 벨트 지역인 오하이오와 펜실베이니아에서 대학 졸업 미만 학력의 백인 남성의 트럼프 지지율은 각각 69%, 71%를 기록했다. 또 다른 러스트 벨트 중 하나인 미시간 유권자의 절반은 자유무역이 그들의 일자리를 빼앗는다고 답했다. 오하이오 유권자의

47%도 자유무역이 노동자들에게 피해를 준다고 생각했다.

전체 백인 표에서도 58%가 트럼프에게 몰려, 37%밖에 얻지 못한 힐러리를 압도했다. 성별로는 남성의 53%가 트럼프에게 표를 줬고, 인종까지 결합하면 백인 남성의 63%가 트럼프를 택했다. 힐러리를 지지한 백인 남성은 31%로 절반에도 못 미쳤다. 여성의 경우 54%가 힐러리를, 42%가 트럼프를 지지했지만 백인 여성으로만 놓고 보면 역시 트럼프가 우세했다. 백인 여성의 53%가 트럼프를, 43%가 힐러리를 지지했다.

디트로이트가 있는 미시간은 2016년 대선 기간 내내 확실한 블루 스테이트로 분류됐다. 공화당 지지자들이 링컨 다음으로 좋아하는 레이건이 대통령이 된 1988년 이후, 미시간은 한 번도 공화당 후보를 선택한 적이 없다. 산업구조 변화와 자유무역 확대로 녹슨 공업지대로 쇠퇴한 이곳은 등록유권자의 72%가 백인이다. 트럼프는 마지막 유세를 이곳에서 마쳤다. 결과는 대성공이었다. 개표 중반까지 접전이었던 미시간이 후반부로 갈수록 트럼프에게 기울면서 전체 승부의 판세도 정권 교체 쪽으로 굳어지게 됐다.

트럼프가 러스트 벨트에 공을 들인 반면, 힐러리는 전통적으로 블루 스테이트였던 이 지역이 뒤집힐 것이라고 꿈에도 생각하지 못했다. 민주당 대선캠프는 러스트 벨트 가운데 오하이오와 펜실베이니아는 힐러리가 약간 우세한 경합 지역, 미시간과 위스콘신은 민주당 확실 우세 지역으로 분류했다.

힐러리는 플로리다를 19번 방문했지만 미시간은 디트로이트를 중심으로 3번만 방문했다. 플로리다는 16년 전인 2000년 대선에서 민주당 고어에게 패배를 안겨준 지역이다. 반면 오바마는 2번 연속 플로리다에서 승리하며 대통령이 됐다. 힐러리는 스윙 스테이트Swing State 17에서 이기면 대선에서 승리할 것이라 확신했지만 결국 플로리다에서도 지고 러스트 벨트에서도 졌다. 힐러리는 선거운동 기간 위스콘신 주는 한 발자국도 디디지 않았다. 미국은 승자독식 방식의 간선제이기 때문에 확실한 레드 스테이트나 블루 스테이트는 선거유세 기간 중 한 번도 방문하지 않는 경우가 많다. 민주당과 힐러리는 위스콘신을 확실한 블루 스테이트라고 오판했다.

힐러리는 러스트 벨트인 미시간과 위스콘신에서 백인 노동자들의 변심을 왜 예상하지 못했을까? 전통적으로 미국의 노동조합들은 민주당을 지지했다. 공업지대인 러스트 벨트는 한때 자동차나 철강 등 제조업 공장들에서 제품을 끊임없이 만들어내던 곳이다.

---

17   스윙 스테이트(swing state) : 전통적으로 공화당 우세 지역이거나 민주당 우세 지역이 아니어서 선거 때마다 지지를 바꾼 부동층 주를 말함. 대선 때마다 민주 · 공화 양당 지지를 오가는 것이 그네뛰기 하는 모습 같아 붙여진 별칭이다.

그래서 이들 지역은 강력한 노동조합이 제조업 공장마다 있었고, 주로 민주당 대통령 후보에게 투표를 했던 곳이다.

그러나 미시간과 위스콘신에서 노동 관련법이 개정되면서 노동 조합이 크게 위축되는 일이 벌어졌다. 공화당 출신이 미시간과 위스콘신에서 주지사가 된 뒤 노동조합을 탈퇴한 노동자들에게 일자리가 더 갈 수 있도록 법을 바꿨다. 미국은 연방제 국가이기 때문에 각 주마다 독립적인 헌법과 법률을 갖고 있다. 일자리를 안정적으로 갖고 더 많은 돈을 벌수 있다는 말에 미시간과 위스콘신의 백인 노동자들은 노동조합을 대거 탈퇴했다. 그 결과 이 지역의 노동조합은 조합비가 줄어들면서 정치 활동을 하기 어렵게 됐다.

미시간 주에서 공화당 주지사 릭 스나이더Rick Snyder가 법안을 통과시킨 뒤 노동조합 가입률이 11%포인트 하락했다. 1980년대 미국 민간기업의 노동조합 가입률은 22%였지만, 2016년 현재 8%로 추락했다.

노동조합이 적극적으로 활동한 지역은 2016년 대선에서 블루 스테이트가 됐다. 세계적인 관광지 라스베이거스가 있는 네바다 주는 러스트 벨트처럼 공장지대가 아니라 호텔, 식당 등 서비스업이 발달한 곳이다. 따라서 이 지역은 제조업보다 서비스업에 종사하는 노동자들이 많은데 특히 요리사 노동조합의 활동이 왕성하다. 요리사 노동조합은 조합원 57,000명에게 자신들이 갹출한 조합비를 쓰며 민주당 후보 힐러리에게 투표하라고 적극 독려했다.

사회주의 이론가들은 노동자와 자본가는 적대적 모순관계에 있다고 보고 있다. 노동자에게 임금을 자발적으로 많이 주려는 자본가는 없기 때문이다. 그런 면에서 러스트 벨트의 백인 노동자들이 자본가인 트럼프를 선택한 것은 차악을 선택할 수밖에 없었던 고육지책(苦肉之策)이었을 것이다.

트럼프는 과연 성공한 경제 대통령이 될까?

미국의 대통령제는 4년 중임제이다. 중임제에서는 첫 임기 중 훌륭한 정치를 펼쳐야 재선 대통령이 될 수 있다. 그래서 중임제 대통령은 적어도 첫 임기 중 단임제 대통령보다 더 책임감을 갖고, 국민의 평가에 귀 기울여 일하게 된다.

트럼프 역시 임기 4년만 채우고 재선 출마를 포기하지는 않을 것이다. 2차 세계대전 이후 미국 대통령 가운데 재선 출마를 포기한 사람은 없다. 단지 공화당의 아버지 부시, 민주당의 카터가 재선에 도전했다가 실패했다. 공화당의 포드는 재선은 아니지만 현직 대통령에서 출마했다가 카터에게 패배했다.

트럼프는 2020년 대선에서 다시 국민의 선택을 받기 위해 자신의 공약을 이행하려고 노력할 것이다. 특히 백인 노동자들의 일자리를 늘리는 정책에 심혈을 기울일 것으로 보인다. 트럼프는 백인 노동자들의 지지를 얻어 대통령이 됐다. 만약 백인 노동자들을 위한 공약이 제대로 이행되지 못한다면 그의 재선 가도는 험난한 길이 될 것이다.

트럼프는 대통령 당선인 시절부터 일자리 창출을 위해 노력했다. 그는 인디애나 주 인디애나폴리스의 에어컨 제조업체 '캐리어'를 방문해 자신이 캐리어 공장을 멕시코로 이전하겠다는 계획을 철회하도록 설득해 1,100개의 일자리를 지켰다며 성과를 과시했다.

캐리어는 대통령 선거 이전부터 인디애나의 공장을 2019년까지 멕시코로 옮길 계획을 세웠다. 인디애나 공장의 백인 노동자들은 하루 8시간 노동을 하면 25만 원을 받지만, 멕시코 노동자들은 하루 5만 원을 받기 때문이다.

기업 입장에서 인건비를 크게 절감할 수 있는데, 왜 공장 이전을 포기했을까? 서슬이 퍼런 권력의 칼을 갖고 있는 대통령이 무서워서 그랬을까? 캐리어는 해외 이전 기업에 불이익이 따를 것이라는 트럼프의 경고에 위축될 수밖에 없었다. 트럼프는 대선 유세 기간 중 캐리어 사례를 직접 거론하며, 공장 이전 후 미국으로 역수출하는 제품에 고율의 관세를 부과하겠다고 공언했다. 그러나 캐리어는 트럼프의 채찍보다 당근 때문에 공장 이전을 철회했다. 〈뉴욕타임스〉는 캐리어가 공장 이전 계획을 철회하는 대가로 10년간 약 82

억 원에 달하는 세금 감면 혜택을 받게 된다고 보도했다. 겉으로 보기엔 캐리어가 트럼프의 공약을 지킬 수 있도록 굴복한 모양새지만, 상당한 세금 감면 혜택을 받게 되는 것이 알려지자 기업이 앉아서 더 큰 이득을 봤다는 분석이 나왔다.

민주당 경선후보였던 버니 샌더스는 "트럼프가 기업 친화적인 세금 혜택, 인센티브와 맞바꾸는 조건으로 해외 일자리를 협박 수단으로 이용할 수 있다는 신호를 미국 내 모든 기업에게 줬다. 이제 해외로 이전할 생각을 하지 않던 기업들도 그들의 입장을 바꿀 수 있다."고 말했다.

샌더스는 캐리어처럼 해외 이전을 하지 않는 조건으로 세금을 감면 받으면, 부유한 기업가들에게 혜택이 돌아갈 뿐 세금 부담은 고스란히 노동자들의 몫으로 남는다고 비판했다.

트럼프는 포드, 제너럴모터스(GM) 등 미국 자동차 업체에 대해서도 해외 공장을 미국 본토로 옮겨 오는 '리쇼어링Reshoring 18' 정책을 적극 펼치고 있다. 포드는 멕시코에 예정돼 있던 16억 달러 규모

....

18　리쇼어링(reshoring) : 해외에 나가 있는 자국기업들을 각종 세제 혜택과 규제 완화 등을 통해 자국으로 불러들이는 정책. 싼 인건비나 판매시장을 찾아 해외로 생산기지를 옮기는 "오프쇼어링(offshoring)"의 반대 개념.

의 생산 공장 설립 계획을 취소하고, 7억 달러를 투자해 미시간 주에 있는 공장을 확장하겠다고 발표했다. GM도 멕시코 투자 계획을 철회하고 미국 공장에 10억 달러를 추가 투자하기로 했다.

트럼프는 애플 최고경영자 팀 쿡에게도 "애플이 미국에 대형 공장을 짓기를 희망한다."고 압박했다. 트럼프는 애플에 해외 공장을 미국으로 옮기면 세금을 대규모로 줄여주는 혜택을 주겠다고 제안했다.

트럼프는 집권 초기 미국 제조업을 다시 일으켜 세워보려고 갖가지 행정력을 동원하고 있다. 제조업이 부흥하고 공장이 돌아가야 트럼프를 지지했던 백인 노동자들에게 일자리가 돌아갈 수 있다. 그러나 미국 제조업은 이미 경쟁력을 잃었다. 트럼프는 '세계의 공장'으로 떠오른 중국의 제조업에 대항해 미국의 제조업을 부활시켜 보려고 애쓰고 있지만 헛된 수고가 될 것으로 보인다. 이제 중국의 공장도 더 이상 품질이 떨어지는 싸구려 제품만 생산하지는 않는다. 부가가치가 높은 중국의 전자제품은 미국의 전자제품을 추월했다. 오히려 미국 노동자들은 첨단기술을 다루는 수준이 중국 노동자들에 비해 한참 뒤떨어졌다는 평가를 받고 있다.

〈뉴욕타임스〉는 "멕시코의 시간당 임금은 10달러 미만이지만 미국에선 자동차 제조업 종사자의 시간당 임금은 29달러에 이른다. GM이나 포드 같은 자동차 업체가 미국에서 소형차를 생산해 이득을 볼 수 있을지 의문"이라면서 "임금이 오르면 가격이 상승해 소비자로부터 외면당할 가능성이 높다."고 지적했다.

트럼프는 애플에게도 미국에 공장을 지으면 혜택을 주겠다고 유혹했지만, 애플이 중국을 포기하기는 쉽지 않을 것이다. '아이폰'을 조립하는 중국 공장에는 20만 명이 일하고 있으며, 노동자의 신속한 충원이 가능하다. 월 400달러 임금으로 이만한 대규모 노동력을 미국에서 구한다는 건 사실상 불가능하다. 미국으로 건너오는 순간 인건비는 최소 5배 이상 뛸 것이다.

전문가들은 트럼프가 일자리 창출을 위해 기업들의 공장 해외 이전을 막는 것이 일종의 '정치적 쇼'라고 보고 있다. 이런 정치적 쇼가 일시적으로 일자리를 늘릴 수 있지만 지속가능한 일자리 창출 정책은 될 수 없다는 것이다.

캐리어나 포드 같은 대기업 공장 50곳에서 백인 노동자에게 1,000개의 일자리를 제공한다면 50,000개의 일자리가 창출될 수 있다. 5만 명이 일자리를 찾는 정치적 쇼는 일시적 흥행을 거둘 수 있다. 경제가 정치적인 일자리 창출로 근본적으로 나아진다면, 세계 모든 지도자들이 그렇게 할 것이다. 트럼프가 정치적 행위로 일자리를 어렵게 5만 개 만들어도, 금리나 환율정책에서 한 번 헛발질을 하면 수십만 개의 일자리가 없어질 수 있다. 미국 연방준비위원회는 2016년 11월 대선이 끝난 다음 달 금리를 0.25%포인트 올렸다. 경제전문가들은 금리 인상으로 경제 성장 속도가 둔화돼 1년 동안 일자리 15만 개를 사라지게 할 수 있다고 분석했다.

미국은 세계의 공장 기능을 상실한 지 오래다. 20세기가 시작됐을 때 미국은 철강, 자동차 등 대형 공장의 굴뚝에서 하루 종일 연기가 피어오르는 나라였다. 세계의 공장이 된 미국은 연합국의 주축으로 2차 세계대전을 승리로 이끌었다. 2차 세계대전 이후 미국의 영향력은 갈수록 증대해 막강한 경제력과 군사력을 바탕으로 세계 자본주의 체제를 재편했다. 미국은 공산주의 체제를 대표하는 소련과 군사력으로 팽팽한 경쟁을 벌이며 40년 넘게 냉전(cold war)을 유지했다. 20세기 후반 소련과 동구권이 스스로 붕괴되면서 미국은 세계 유일의 초강대국이 됐다.

세계 자본주의 체제를 재편하며 미국의 제조업 산업자본은 금융 산업자본으로 대체됐다. 금융 산업이 제조업 산업보다 이익이 더 많이 남았기 때문이다. 금융 산업으로 넘어간 자본이 이윤율이 떨어지는 제조업 산업으로 다시 돌아갈 가능성은 희박하다.

캐리어 같은 기업에게 세금 혜택을 주며 공장 해외 이전을 철회하도록 하는 리쇼어링 정책은 트럼프 이전에도 있었다. 조지 부시와 버락 오바마도 미국 땅에 공장을 짓는 기업에 온갖 혜택을 주었다. 그러나 정치적 쇼로 굴뚝 산업의 쇠퇴와 해외 이전을 근본적으로 막을 수는 없었다.

질 좋은 에어컨이나 자동차를 값싸게 만드는 나라는 더 이상 미국이 아니다. 에어컨은 한국이 가장 잘 만들고, 자동차는 일본과 독일이 가장 잘 만든다. 미국에 사는 한국인들은 포드, 제너럴모터스, 크라이슬러 등 미국 자동차를 사지 않는다. 벤츠, BMW 등 고가의 독일 자동차를 사지 않는다면, 대부분 토요타, 혼다, 폭스바겐 같은 자동차를 구입한다. 같은 값이면 일본차나 독일차가 미국차보다 튼튼하고 디자인도 세련됐기 때문이다. 미국인들도 세단 모양의 승용차는 미국차보다 일본차를 선호하고 있다. 트럼프도 자동차 기업에게 세금 혜택을 주며 공장을 디트로이트에 눌러 앉힌다고 미국산 자동차의 글로벌 경쟁력이 되살아난다고 생각하지는 않을 것이다.

애플은 포드나 캐리어 같은 기업에 비해 글로벌 경쟁력이 있다. 그러나 애플이 중국 공장을 철수해 미국에 이전한다고 해도 백인 노동자들의 일자리가 크게 증가한다는 보장은 없다. 백인 노동자들은 중국 노동자들에 비해 고임금인 데 반해 기술력은 오히려 떨어지기 때문이다. 애플이 트럼프의 강압적인 정책에 '울며 겨자 먹기'식으로 미국에 공장을 짓는다 해도, 그 공장은 백인 노동자의 손보다 로봇의 손으로 가동될 가능성이 높다. 결국 트럼프는 백인 노동자를 고용하는 기업에게 머리수에 맞추어 국민의 혈세를 퍼부어줄 수밖에 없을 것이다. 이렇게 해서 대통령 임기 4년 동안 얼마나 많은 일자리를 만들 수 있을까? 트럼프의 재선이 녹록치 않은 이유가 여기에 있다.

CHAPTER 5

한국의
경제 선거

못살겠다. 갈아보자!

대통령제는 미국에서 시작되었다. 1776년에 영국의 식민지로부터 독립한 미국은, 국민의 선거에 의해 국가의 상징적 권위와 실질적 통치권을 지닌 대통령을 선출하는 제도를 만들었다.

우리나라는 해방 이후 미군정이 끝난 뒤 미국식 대통령제를 받아들였다. 미국은 영국의 식민지로부터 독립하면서 대통령제를 처음 시작했고, 우리나라는 일제의 식민지부터 독립하면서 대통령제를 도입했다. 대통령제 시작 배경에는 이런 공통점이 있지만, 한국의 대통령제는 1987년 '6월 항쟁'으로 대통령 직선제가 16년 만에 다시 실시되기까지 독재의 수단으로 악용됐다.

미국의 초대 대통령 조지 워싱턴은 8년 재임했지만 우리나라 초대 대통령 이승만은 1948년에서 1960년 4월까지 12년 재임했다. 1875년생 이승만은 73세에 대통령이 되어 '4·19혁명'으로 하야하는 85세까지 재임했다.

워싱턴이 대통령이 됐을 때 세계 거의 모든 나라는 공화정이 아닌 왕정을 채택하고 있었다. 미국이 독립한 1776년에 우리나라는 사도세자의 아들 이산이 정조 임금으로 즉위했다. 워싱턴은 영국과의 독립전쟁을 승리로 이끈 장군이다. 세계에서 가장 강한 대영제국을 상대로 승리한 워싱턴에게 미국의 왕이 되어달라고 아첨하는 사람들도 많았지만, 그는 모든 유혹을 뿌리치고 대통령제를 채택했다. 워싱턴은 초대 대통령이 대통령 제도의 첫 단추를 잘 끼워야 민주주의가 발전할 수 있다는 것을 알고 있었다. 워싱턴은 대통령 재선에도 나서지 않으려 했지만 주변의 강력한 권유로 출마해 당선된다. 그러나 그는 결국 3선을 스스로 포기해 대통령제가 독재의 수단으로 악용될 수 있는 나쁜 선례를 남기지 않아 미국 민주주의 역사의 귀감이 되었다.

이승만은 대통령제를 독재의 수단으로 악용했다.

1948년 5월 10일 해방 후 첫 국회의원 선거가 실시되고, 5월 31일 제헌의회가 소집됐다. 제헌의회의 헌법기초위원회는 대한민국 정치제체와 관련해 대통령제와 내각책임제를 놓고 격론을 벌였다.

당시 정치인들과 국회의원들은 대부분 내각책임제를 선호하고 있었다. 2차 세계대전이 끝난 뒤 아시아와 아프리카의 신생 독립국가에서 대통령제를 채택한 경우가 있었지만, 선진국은 미국을 제외하고 모두 내각책임제였다. 특히 유럽은 거의 다 내각제였다. 제헌의원들은 내각책임자가 민주적 제도이고, 대통령 중심제는 독재 정치라고 생각하고 있었다.

헌법기초위원회는 유진오를 전문위원으로 위촉했는데, 유진오의 안을 기초로 하여 내각책임제를 권력 구조로 하는 헌법 초안이 마련되었다. 지주계급 출신이 다수 포함된 한민당의 속셈은 내각책임제에서 대통령에 이승만, 총리에 김성수를 앉혀 권력을 장악하는 것이었다. 이승만을 실권 없는 허수아비 대통령으로 앉혀 놓고 한민당이 실권을 갖겠다는 뜻이었다.

이승만의 권력욕은 내각책임제의 국가수반에 만족하려 하지 않았다. 이승만은 6월 21일 헌법기초위원회에 나타나 격한 어조로 내각책임제를 반대함과 동시에 대통령 책임제를 역설했다.

"만일 내각책임제 기초안이 국회에서 그대로 통과되면 그런 헌법 아래서는 어떠한 직위도 맡지 않고 민간에 남아 국민운동을 하겠다."

이승만은 심지어 자신의 의사가 관철되지 않으면 한국을 떠나 미국으로 가겠다고 의원들에게 으름장을 놓았다. 해방 이후 국민들로부터 가장 신망 받는 정치인 중 한 사람이었던 여운형은 서울 혜화동 로터리에서 암살당하고, 김구와 김규식은 남한만의 단독 정부를 반대하며 제헌의회 선거에 참여하지 않았다. 이승만은 사실상 유일한 대통령 후보였다.

7월 26일 국회는 무기명투표로 대통령 선거를 실시했다. 이승만 180표, 김구 13표, 안재홍 2표, 무효 1표. 김구는 남북 통일정부를 기원하며 총선에도 참여하지 않았지만 13표를 받았다. 대통령 중심제로 헌법이 채택된 상태에서 이승만을 상대로 정권 교체에 나설 사람은 김구가 유일했다. 김구는 그러나 이승만이 대통령이 되고 1년이 채 지나지 않은 1949년 6월 26일, 서울 경교장에서 현역 육군 포병 소위 안두희에 의해 암살된다. 해방 직전 임시정부 주석이었던 김구는 민족주의 세력과 함께 1950년 총선에 참여할 뜻을 주변에 내비쳤었다.

워싱턴은 재선 대통령을 마치고 명예롭게 은퇴했으나 이승만은 종신 대통령이 되기 위해 헌법을 위배하며 헌법을 개정한다. 1954년 5월 20일, 국회의원 선거에서 원내 다수를 차지한 자유당은 이승만의 종신 집권을 가능케 하기 위해 '초대 대통령에 한해 중임 제한을 없앤다.'는 것을 골자로 하는 헌법 개정안을 제출한다. 그러나 같은 해 11월 27일, 국회 표결 결과는 재적인원 203명, 찬성 135표, 반대 60표, 기권 7표였다. 이 결과는 헌법 개정에 필요한 의결정족

수인 재적인원 203명의 3분의 2인 136표에 1표가 부족한 135표 찬성이므로 부결된 것이었다. 당시 사회자인 자유당 소속 국회부의장 역시 부결을 선포했다.

그러나 자유당 간부회는 재적인원 203명의 3분의 2는 135.333……인데, 영점 이하의 숫자는 1인이 되지 못하여 인격으로 취급할 수 없으므로 사사오입(四捨伍入)하면 135이고, 따라서 의결정족수는 135이기 때문에 헌법개정안은 가결된 것이라고 정정 선포한다.

사사오입 개헌으로 이승만은 1956년 5월 15일 3선 대통령에 도전한다. 야당도 우리 역사상 처음으로 정권 교체에 도전한다. 민주당은 신익희, 진보당은 조봉암이 대통령 후보로 나선다.

선거에 돌입하자 우리나라 대통령 선거 사상 처음으로 바람이 불었다. 서울과 부산 등 도시는 말할 것도 없고 농촌에까지 민주당 바람이 불었다. 정부기관지를 제외한 대부분의 언론이 민주당에 동조하는 논조를 보이는 등 정권 교체의 가능성이 급속히 확산되기 시작했다. 민주당은 이 같은 선거분위기를 끝까지 끌고 가기 위해 5월 3일 한강 백사장에서 마지막 서울 유세를 펼쳤다.

토요일 오후 신익희의 연설을 들으려고 용산의 전차 정거장에서 내린 시민들이 한강 백사장으로 끝없이 몰려들었다. 한강 인도

교 북쪽 백사장이 꽉 들어차자 시민들은 강 건너 흑석동으로 가서 백사장을 가득 메웠다. 한강 백사장에 30만 인파가 모였다. 그 당시 서울시 유권자는 70만 명 정도였다. 신익희는 백사장에서 정권 교체를 역설했다.

"대통령은 우리 국민의 심부름꾼에 지나지 않습니다. 심부름꾼이 잘못을 저질렀을 때는 주인이 갈아치우는 것은 당연한 권리입니다."

한강 백사장에 30만 인파가 모인 것은 민주당의 선거구호 덕분이기도 하다. 민주당이 내건 "못살겠다. 갈아보자!"라는 구호는 폭발적으로 유권자들에게 파고들었다. 민주당의 누가 이 기막힌 8자 선거구호를 만들었는지 알 수 없지만, 정권 교체에 대한 열망을 이보다 더 잘 표현한 구호는 없을 것이다.

당시 '못살겠다'는 여러 가지 의미를 가졌다. 가난했으니까 배고파서 못살겠고, 독재 정치로 숨이 막혀 못살겠다는 뜻이었다. 정권교체라는 어려운 한자어보다 '갈아보자'라는 순우리말이 즉자적으로 유권자들의 마음을 잡았다. '못살겠다. 갈아보자!' 구호는 50년이 지난 지금도 야당이 정권 교체 선거에 나설 때 애용하는 구호다.

민주당의 '못살겠다. 갈아보자' 선거구호는 족집게처럼 유권자의 마음을 파고들며 들불처럼 전국으로 번져갔다. 폭발적인 위력에 놀란 이승만의 자유당은 민주당 구호를 상쇄하기 위해 요상한 구호를 내세웠다. '갈아봤자 별 수 없다', '갈아봤자 더 못 산다', '구관이 명관이다' 등으로 대응했으나 백약이 무효했다. 이승만에 대한 악화된 민심은 돌이키기 어려웠다.

진보당도 '이것저것 다 보았다. 혁신밖에 살 길 없다'라는 8자 선거구호를 내걸었다. 그러나 진보당은 대선에서 정권 교체보다 더 중요한 공약을 제시했다. 8자 선거구호로 바꾸면 '평화롭게 통일하자'였다. 이승만은 전쟁 뒤에도 북진 통일을 주장했다. 북진 통일은 전쟁을 일으키겠다는 말인데, 전쟁이 일어나면 군인과 애꿎은 민간인들이 죽지 대통령은 죽지 않는다. 이승만은 다시 전쟁을 일으켰다 밀리면 1950년처럼 먼저 서울을 빠져 나간 뒤 민간인들이 있는 한강 다리를 폭파하면 되었다. 한국전쟁 발발 며칠 뒤 군인들이 한강 다리를 폭파하는 시간에도 라디오에선 "이승만 대통령과 정부는 서울을 사수할 것입니다."라는 방송이 흘러나왔다.

한강 백사장의 강연회가 폭발적인 인기를 얻게 되자 신익희는 1956년 5월 4일 지방에 야당 바람을 일으키기 위해 호남선 열차에 몸을 실었다.

그러나 연일 과로가 겹친 신익희는 선거를 10일 앞둔 5일 새벽 4시쯤 열차 안에서 쓰러져 운명하고 말았다. 제1야당의 후보를 잃은 채 실시된 선거전에서 이승만의 승리는 불을 보듯 뻔한 일이었다. 신익희의 운구가 서울역에 도착해 효자동 자택까지 가는 과정에서

운집한 군중들이 "못살겠다. 갈아보자! 독재정권 타도하자!"라고 외쳤다. 자유당 정권은 신익희의 유해가 경무대 쪽으로 향하자 무차별 발포해 10여 명의 사상자를 내고 700여 명을 구속했다.

자유당 정권은 정권 교체를 열망하던 국민이 신익희의 죽음까지 겹치면서 조봉암에게 몰표를 던질지도 모른다는 불안감에 사로잡혔다. 조봉암에 대한 탄압이 계속되면서 백범 김구처럼 암살될 것이란 음모가 곳곳에서 감지되었다[19]. 조봉암은 선거 막판에 선거운동을 중단하고 잠적하게 된다.

개표 결과 이승만 504만 6,437표, 조봉암 216만 3,808표, 신익희 추모표 185만 여 표로 집계됐다. 엄청난 부정선거에도 불구하고 이승만은 총투표수의 80% 이상을 획득할 것이라는 당초의 예상과 달리, 겨우 52%선에 그쳤다. 부통령에는 민주당의 장면이 401만 2,654표로 380만 5,502표를 얻은 이기붕을 누르고 당선되었다. 장면의 부통령 당선은 4년 뒤인 1960년, 자유당이 극악한 3·15 부정선거를 저지르는 계기가 되었다.

이승만은 만 81세에 세 번째 대통령에 당선되었다. 비록 정권 교

---

19 조봉암 사건 : 3선에 성공한 이승만 정권이 1959년 7월 31일 조봉암을 간첩으로 몰아 사형시킨 사건이다. 이후 2011년 1월 20일 열린 재심 판결에서 조봉암의 국가보안법 위반 혐의 등에 대해 무죄가 선고된다.

체에는 실패했지만, 경제 선거구호인 '못살겠다. 갈아보자!'는 당시 국민들에게 우리도 지도자를 바꿀 수 있다는 희망을 안겨주었다.

위기가 기회를 만들다

1997년 외환 위기가 없었다면 우리 역사상 첫 수평적 정권 교체도 쉽지 않았을 것이다.

김영삼은 오랜 민주화 투쟁에 이어 30여 년의 군부 독재를 끝내고 문민정부의 서막을 열었다. 그는 대통령에 취임하자마자 부패를 척결하고 잇단 개혁 정책을 과감하게 수행했다. 특히 금융실명제 실시와 공직자 재산 공개는 고질적인 정경유착을 줄이고 투명한 사회로 도약하는 데 크게 기여했다.

문민정부는 1993년 8월 12일 이후 모든 금융 거래에 가명이나 차명이 아닌 실명으로 거래해야 하는 제도를 긴급명령에 의해 실시했다. 금융실명제가 긴급명령에 의해 실시된 이유는 관련법을 바꾸는 동안 금융시장의 동요 등으로 경제에 막대한 혼란이 예상돼 이러한 부작용을 단시일 내에 최소화하기 위한 것이었다.

김영삼은 전두환, 노태우 등이 가입했던 군의 하나회를 없애고 군의 정치 개입을 원천적으로 차단하는 장치를 마련했다. 그는 또 정치군인 박정희와 전두환이 각각 주도했던 5·16과 12·12사태를 쿠데타로 공식화했다. 김영삼은 광주민주화운동 희생자들의 명예를 회복시켰으며, 1995년 12월 노태우를 부정축재로, 전두환을 12·12 군사 반란과 5·18 관련 주동자로 사법 처리해 국민적 호응을 크게 얻었다.

김영삼은 이런 업적에도 불구하고 임기 중 IMF 외환 외기를 맞이해 경제적으로는 가장 실패한 대통령으로 자리매김하게 되었다. 그러나 김영삼이 우리 정치사에 남긴 오점은 IMF 외환 위기가 아닌 '3당 합당'이다.

1990년 1월 22일, 당시 집권당이었던 노태우의 민주정의당이 야당이었던 김영삼의 통일민주당, 김종필의 신민주공화당과 합당해 민주자유당을 출범한 사건인데, 3당 합당에 비판하는 민주진영에서는 '3당 야합'이라고 불렀다.

민주진영에서는 "민주진영 분열과 불신을 초래시켰다."라고 비판했고, 진보진영에게는 "기회주의적 거대 보수연합"이라 비판했다. 김영삼이 대통령 병에 걸려 군사정권과 야합을 했다는 비난도 있었다. 또한 3당 합당으로 인해 "호남을 정치적으로 철저하게 고립시켰다."는 비판도 받았다.

3당 합당으로 보수진영과 진보진영이 함께 사용하는 운동장은 보수진영 쪽으로 급하게 기울었다. 호남, 충청, 대구 · 경북(TK)에 거주하는 유권자수를 각각 1이라 했을 때 부산 · 경남(PK)에 사는 유권자수는 1.5이다. 물론 1987년 대선에서 부산 · 경남 지역 유권자의 상당수가 노태우를 선택했지만, 3당 합당 이전까지 부산 · 경남은 민주화의 성지였다. 부산 · 경남은 박정희 유신 정권에 항거한 지역이었고, 광주는 전두환 군사 쿠데타에 항쟁한 도시였다. 그런 부산 · 경남이 3당 합당으로 민주진영에서 보수진영으로 탈바꿈하게 되었다. 부산 · 경남은 1987년 대선에서는 김영삼이 가장 많은 득표율을 올리며 민주진영에 속했지만, 3당 합당 이후 2012년까지 5번의 대선에서는 모두 보수당을 선택했다.

보수진영으로 급격하게 운동장이 기울어진 상황에서 진보진영이 대선에서 이기는 것은 사실상 불가능에 가까웠다. IMF 외환 위기는 1997년 대선을 경제 선거로 만들며 첫 수평적 정권 교체를 가져오게 했다.

김영삼은 정치는 9단으로 입신의 경지에 이르렀는지 모르지만, 경제에는 문외한이나 다름없었다. "머리는 빌리면 되지만 건강은 빌릴 수 없다."고 말한 김영삼은 집권 기간 동안 경제정책과 관련해 머리를 제대로 빌리지 못했다. 금융실명제 같은 돌발성 경제정책으로 지지율을 끌어올리기는 했지만, 한국경제호가 어디로 항해하는지 알지도 못했고 크게 관심도 없었다.

1997년 초부터 한보 사태가 터지며 경제 위기를 알리는 경보음이 울리기 시작했다. 하지만 문민정부 경제팀은 근거 없는 낙관론으로 경제 위기 경보를 무시했다. 일부 언론도 여기에 맞장구를 쳤다. 〈조선일보〉는 1997년 3월 8일 '한국경제 위기 아니다', 9월 4일 '증시, 위기 아니다', 9월 11일 '한국 외환 위기 아니다', 11월 3일 '증시 불안 일시적, 경제 비관할 것 없다' 등 지속적으로 경제 위기를 무시하는 인터뷰 기사 등을 내보냈다.

대통령이 경제를 모르면 참모라도 제구실을 해야 하는데 불행히도 그렇지 못했다. 경제 참모들은 차남 김현철 문제로 심기가 불편한 김영삼의 안색을 살피는 데만 급급했다. 김영삼과 같은 부산 · 경남 출신 경제부총리 강경식은 〈블룸버그통신〉 등이 한국 위기론을 제기하자, 국책연구기관인 한국개발연구원(KDI)에 즉각 반론권을 행사하고 '법적 대응'도 불사하라고 지시했다.

경제 위기로 대기업들이 잇달아 도산하면서 수많은 노동자들이 일자리를 잃었다. 한보철강의 부도 사태로부터 시작되어 1997년 3월 삼미, 4월 진로그룹, 5월 한신공영, 7월 기아그룹, 10월 쌍방울, 12월 한라그룹 등 12개 재벌급 회사가 차례로 도산했다. 특히 재계

8위이던 기아의 도산 사태로 해외 투자자들과 외신들은 한국 경제가 회복하기 힘든 큰 위기에 빠졌다고 진단했다.

기업의 부도 사태는 금융시장의 붕괴로 이어졌고, 주가 폭락으로 막대한 손실을 입은 외국인 주식투자자들은 환율 급등으로 환차손마저 입게 되자 썰물처럼 한국을 떠나기 시작했다. 특히 금융시장은 주가 폭락과 환율 급등의 악순환이 가속돼 하루가 다르게 붕괴되어 갔다.

실업자가 쏟아져 나왔지만 새 일자리를 구하지 못했고, 크고 작은 회사와 가게가 문을 닫고 가정 경제가 붕괴되었다. 하루아침에 파산한 사람들은 자살이라는 극단적인 선택을 했지만, 해방 이후 최대의 경제 위기를 맞은 정부는 아무런 대책을 내놓지 못했다.

1997년 대선에서 IMF 경제 위기에 빠진 한국 경제라는 항공모함을 구해낼 함장으로 김대중이 선택됐다.

김대중은 수감 생활과 가택 연금, 해외 망명길에도 책을 손에서 놓지 않은 독서광이었다. 최종학력이 목포상고였지만 독서를 통한 경제 지식은 경제학 박사 못지않았다. 김대중은 1971년 제7대 대통령 선거에 출마하면서 경제 공약과 관련해 '대중경제론'을 내놓았다. 《김대중의 대중경제 100문 100답》이란 책명으로 나온 '대중경제론'에서 그가 제시한 한국 경제의 진로는 '자립적 국민경제'로서 사회민주주의 경제체제에 가까운 내용이었다. 박정희의 수출 의존형 경제 개발 패러다임을 전면 부정한 것이었고, 나아가 근로자의 경영 참여 제도화, 사회보장기금 신설 등 복지 정책 내용을 담고 있었다. 그러나 '대중경제론'은 이후 김대중에 대한 색깔 공세의 빌미가 되었다.

김대중은 1992년 3번째 대선에 출마하며 '대중경제론'을 큰 폭으로 수정해 '뉴디제이(DJ) 플랜'을 내걸었다. 대중경제론에서 사회민주주의 요소를 대거 걷어내고, 보다 적극적으로 시장 경제와 개방 경제를 수용한 것이다. 이념적으로 진보진영을 결집시키기보다 중도층을 끌어안겠다는 전략의 변화였다. 이에 대해 당시 보수진영은 "대통령이 되기 위한 화장술에 불과하다."는 혹평을 하기도 했으나 일반 국민은 김대중의 변화된 경제 정책을 대체로 긍정적으로 평가했다.

이러한 과정을 거쳐 김대중은 'DJ노믹스'를 완성하고 1997년 '준비된 대통령'이란 캐치프레이즈로 선거에 나선다. 'DJ노믹스'의 핵심은 대외 개방형 경제체제를 유지, 발전시키며 정부 주도의 관치 경제를 민간 중심의 시장 경제로 바꾸는 것이었다. 시장 관리에 있어서는 투명성과 공정성을 강화하는 내용도 포함되었다. 이러한 시장 중심적인 경제 정책으로 인한 부작용을 보완하기 위해 사회 안전망 확충을 통해 사회적 약자를 보호한다는 복지 정책도 강화

되었다.

'DJ노믹스'는 재벌 개혁 의지도 빼놓지 않았다. 국제적인 기준에 부합하는 기업 재무구조 개선과 국내 재벌의 독과점을 없애고, 순환출자와 상호 지급보증 해소, 기업 공시제도 개선 등을 통한 투명성 제고를 구체화한다는 내용이 포함되었다.

퇴임 후 언론과의 인터뷰에서 김대중은 경제에 대한 평소 소신을 피력했다.

"이 나라가 재벌이 지배하는 나라가 되어 민주주의와 사회 정의를 위협할 거라 생각했다. 대중 경제의 목표는 중산층을 지원하고 하위 계층을 중산층화하는 것이다. 민주주의와 시장 경제가 성공하려면 중산층이 튼튼해야 한다."

모두 부자 되세요!

우리나라의 20세기는 IMF 외환 위기를 극복하는 과정으로 막을 내렸다. 1997년 수평적 정권 교체를 이룬 김대중은 국민과 함께 경제 위기를 극복하는 데 가장 큰 힘을 쏟았다.

미국은 IMF를 내세워 우리의 시장을 완전히 개방하라고 끊임없이 압력을 넣었다. 돈을 빌려 썼으니 채권자가 요구하는 모든 것을 들어줄 수밖에 없었다. 그렇지 않으면 빌려준 돈을 달라고 했기 때문이다. 미국은 특히 금융시장을 개방하라고 요구했고, 한국 정부는 금융 관련 규제를 대부분 풀어버렸다. 여기에 카드 관련 규제들도 포함돼 있었다.

정부는 또 탈세를 막기 위해 현금 거래가 아닌 신용카드 거래를 유도했다. 이 과정에서 직불카드보다 신용카드를 부추긴 것은 소비를 통한 경기 부양이란 일석이조를 노린 것이었다. 1999년 5월 신용카드 현금서비스 한도가 폐지되어 카드사들이 고객에 대한 현금서비스 인출 한도를 자유롭게 설정할 수 있도록 했다. 6월에는 신용카드 소득공제 제도를 만들어 신용카드를 많이 사용할 경우 세금을 일정 비율대로 깎아주는 제도를 마련했다. 이어 2000년에는 신용카드 영수증 복권 제도를 시행했다.

신용카드 회사들은 이에 부응해 빠른 속도로 신용카드를 보급하는 데 앞장섰다. 여기서 발생한 문제는 카드사들이 신용카드 발급에 부적절한 사람들에게도 손쉽게 카드를 발급해 줬다는 것이다. 국민들은 지갑에 여러 장의 신용카드를 갖고 다녔고, 심지어 노숙자도 카드를 만들 수 있었다.

"여러분~, 여러분~, 모두 부~자 되세요. 꼭이요!"

TV에서 매일 예쁜 여자 연예인이 나와 이렇게 속삭이듯 외치면, 우리 모두 꼭 부자가 되지 않으면 안 될 것 같았다. 여자 탤런트가 엄지장갑을 낀 채 하얀 눈밭을 뛰어다니며 외친 "부자 되세요!"는 21세기에 어울리는 새해 덕담이 됐다. "부자 되세요!"카피는 코미디 프로그램 등 여러 곳에서 패러디되면서 아예 유행어로 자리 잡았다.

BC카드는 이 광고카피로 삼성, LG 등 재벌기업 카드사에 내주었던 선두 자리를 되찾았다. 2002년 연초에 딱 한 달간 방송된 이 광고는, 이후 오랫동안 시청자들의 뇌리 속에 남아있었다.

'부자 되세요', '대박 나세요'만큼 거친 자본주의를 사는 서민들에게 듣기 좋은 덕담이 어디 또 있을까? 평범한 샐러리맨이나 조그만 가게를 운영하는 자영업자가 갑자기 부자가 될 확률은 벼락 맞을 확률만큼 적다. 서민들은 이 평범한 진리를 로또를 산 후 인터넷을 통해 번호를 맞춰 보고 난 뒤 깨닫는다. 혹시나 하고 샀다가 역시나 하면서, '꽝'이 된 로또 종이를 꾸겨 휴지통에 버린다. "부자가 천당에 갈 확률은 낙타가 바늘구멍을 통과하는 것보다 어렵다."는 말이 있는데, 서민이 부자가 될 확률은 그보다 더 어려운 것이었다.

'부자 되세요'만큼 인간의 기본적인 욕망을 자극하는 덕담은 없다. 그러나 공부하지 않고, 노력하지 않고 부자가 될 수 있는 길은 로또 같은 요행수 아니면 불법 다단계 같은 사기뿐이다. 더군다나 '여러분, 모두 부자 되세요.'라는 말은 인간 세계에서 존재할 수 없는 일이다. 부자는 그보다 가난한 사람이 있기에 존재한다. 모두가 부자가 되는 건 이루어질 수 없는 모순이다. 그런 의미에서 칼 마르크스Karl Marx의 이론이 보다 현실적이고 과학적이다. 부자는 타인의 노동력을 지배할 수 있는 위치에 있는 사람이다. 한 사람의 부자를 만들기 위해 적어도 100명의 노동자와 서민이 필요하다. 마르크스 같은 공산주의 이론가만 이런 주장을 한 것은 아니다. 자본주의 이론가 아담 스미스^{Adam Smith}는 "한 사람의 부자가 있기 위해서는 백 명의 가난뱅이가 있어야 한다."고 말했다. 우리 속담에도 "부자 하나면 세 동네가 망한다."고 했다. 빈부라는 것은 절대적 수치에 의해 결정되는 것이 아니라 상대적인 개념인 것이다. 국민 모두 로또에 당첨된다는 있을 수 없는 일이 이루어진다 해도, 모든 사람들이 부자가 되는 것이 아니라 그저 단순한 인플레이션일 뿐인 것이다.

"국민 여러분, 성공하세요~!"

2007년 확정된 한나라당 공식 대선 슬로건이다. 시청자들의 뇌리에 깊게 박혀 있던 카드회사 광고가 방송된 지 5년 뒤 일이다. 경제 대통령을 표방하는 이명박의 사진이 담긴 포스터에도 '성공하세요'란 문구가 박혔다. 이명박과 한나라당은 유권자에게 "성공하세요!"라고 말하고 다니며 유세를 벌였다. 이명박이 말한 경제 대통령의 최종 목표지는 분명해졌다. 그것은 국민 모두를 부자로 만들겠다는 계획이었다.

이명박 캠프에서 홍보를 맡았던 국회의원 정병국은 "이 후보 이미지 조사에서 경제 전문성과 실천력이 가장 차별화된 것으로 나타났다."며 "이 후보의 성공스토리를 이제 국민 개개인의 성공으로 함께 나누자는 의미"라고 말했다.

'성공하세요' 슬로건은 경우에 따라 다른 슬로건으로 변형됐다.

지역의 국민성공대장정 대회에선 '이명박과 함께하는 부자 만들기'라고 적힌 대형 현수막이 걸렸다.

'국민 여러분, 성공하세요!'는 '여러분, 부자 되세요!'라는 광고 카피가 연상된다는 지적이 있었다. 한나라당 대선 홍보팀은 "실제 '부자 되세요'가 연상된다는 의견이 내부에서 나왔지만 긍정적으로 해석한다."고 답변했다. 대세론이라는 호랑이 등 위에 올라탄 이명박에게 상업적인 광고카피를 모방했다는 비판 따위는 들리지 않았다.

유권자들에게 이명박의 '성공하세요'가 '부자 되세요'로 들렸다면, 그 대선 슬로건은 100% 성공한 것이다. 이명박 캠프는 '국민 여러분, 경제대통령 뽑아 부자 되세요.'라는 이미지를 갖는 슬로건을 만들려고 노력했다.

2007년 대선에서 이명박은 2위 정동영을 530만 표 차이로 따돌리고 대통령이 됐다. 정동영은 네거티브 선거 전략으로 BBK와 도곡동 땅 문제 등 이명박과 관련해 온갖 도덕성 의혹을 제기했지만 치명타가 되지 못했다. 2007년 대선의 시대정신은 좋게 말해서 '경제'고, 나쁘게 말해서 '돈'이고 '욕망'이었다. 대선후보 가운데 개개인 유권자들에게 나 혼자만이라도 잘 먹고 잘살 수 있게 해줄 수 있는 욕망을 채워줄 사람은 이명박밖에 없었다.

이명박 당선의 가장 큰 원인은 김대중 - 노무현의 민주정부 10년

이 제공했다. 진보정부가 아니라 민주정부라 한 이유는 민주당이 전두환의 민정당에 뿌리를 둔 보수당에 비해 상대적인 진보정당이기 때문이다. 하지만 민주정부 10년 동안 서민과 노동자를 위한 진정한 의미의 진보적인 경제 정책은 발견하기 어려웠다.

김대중은 IMF 외환 위기를 극복한 업적을 이루었지만, 그 이면에는 나라 빚이 국민들의 빚으로 둔갑한 비밀이 있었다. 소비를 증진시켜 경기를 살려보겠다는 정부의 경제 정책은 신용카드 남발로 이어졌다. 국민들은 통장에 돈이 없어도 신용카드로 원하는 물건을 샀고, 은행 ATM에서 높은 이자의 현금을 뽑아 빌려 썼다. 정부는 뒤늦게 현금서비스를 제한하는 등의 규제 정책을 실시해 수습에 나섰지만, 이미 많은 시민들은 신용불량자가 되고 가정은 파탄난 뒤였다.

노무현 정부 들어서도 경제 사정은 크게 나아지지 않았다. 부동산 가격이 치솟아 서민들은 수십 년을 저축해도 내 집 마련을 할 수 없게 되었다. 내수 경기는 계속 침체돼 전 재산을 투자한 자영업자들은 줄지어 가게 문을 닫아야 했다.

민주노동당 대선 후보 권영길이 말했듯이 김대중 – 노무현 정부 10년간 국민들의 살림살이는 나아지지 못했다. 보수당이 주장한 '잃어버린 10년'은 유권자들의 고개를 끄덕이게 했다.

우리 국민들도 자신들이 이명박처럼 부자가 될 수 없다는 사실을 알고 있었다. 그럼에도 집도 없고, 돈도 없고, 일자리도 없는 사막과 같은 살림살이 속에 살면서 손에 잡히지 않는 신기루를 향해 손을 뻗을 수밖에 없었다. 곽곽한 현실 앞에 무력한 서민들은 '부자 되세요' 슬로건을 적극적으로 믿었다기보다는, 달리 방법이 없어 혹시나 경제가 나아지지 않을까 하는 기대감을 갖고 이명박에게 표를 던졌다.

이명박은 경부고속도로를 짧은 시간 안에 완성시키는 박정희 개발 독재의 키드다. 경제 개발 계획으로 보릿고개를 극복했다는 가난 구제의 이야기는 나이 든 사람들에게는 여전히 신화로 남아있었다.

AGAIN 박정희!

"독재라도 좋다. 배불리 먹기만 하면 된다."는 "도덕성에 문제가 있어도 좋다. 부자만 되면 좋다."로 부활했다.

국민들은 1997년 첫 수평적 정권 교체를 선택한 뒤 진보 세력에게 10년의 기회를 주었다. 그러나 진보 세력은 경제 문제에 있어 능력을 발휘하지 못했다. 국민들은 경제대통령이라고 주장한 이명박과 보수진영에게 기회를 주며 정권 교체를 선택했다.

PART 3

정권 교체냐, 정권 재창출이냐?

CHAPTER 6

이슈 선점으로
이룬
정권 재창출

도덕적 가치가 경제 이슈를 앞서다

2004년 미국 대선은 현직 대통령이었던 부시의 승리로 마무리됐다. 아들 조지 부시는 아버지 조지 부시가 이루지 못한 꿈을 이루었다. 아버지 부시는 1988년 민주당 두카키스Michael Dukakis를 이기고 대통령이 됐지만, 1992년 아칸소 주지사 빌 클린턴에 패해 재선 대통령이 되지 못했다. 아들 부시는 아버지 부시보다 능력도 부족하고 인기도 없었는데 어떻게 재선 대통령이 됐을까?

2004년 대선에서 재선된 부시는 승리 연설에서 한 선거 참모의 이름을 거명한다. 그의 이름은 칼 로브Karl Rove. 아버지 부시 때부터 선거와 관련해 부시 가문의 두뇌 역할을 한 정치 책사이다. 아들 부시는 로브를 '설계자(architect)'라고 부르며, 모든 정책을 결정할 때

백악관 정치고문인 그와 먼저 의논했다.

2000년 대선에서 부시는 선거인단 득표에선 승리했지만 전체 유권자 득표에선 앨 고어에 55만 표 뒤졌다. 부시의 일급 참모 칼 로브는 2000년 선거에서 기독교 근본주의 성향의 유권자 400만 명이 투표장에 나가지 않았다고 분석했다. 로브는 중간 지대에 있는 '산토끼'를 잡기 위해 애쓰는 것보다 전통적인 공화당 지지자들인 '집토끼'를 결집시키는 전략을 설계했다.

로브가 투표장으로 끌어들이기 위해 목표로 삼은 집토끼는 보수파 기독교인들이었다. 이들은 기독교 근본주의자들과 복음주의[20] 자들이다. 복음주의자들은 신앙생활에 최우선 가치를 두고 교회에 열심히 참석하며, 성서를 글자 그대로 해석해 따르는 보수적 기독교인들이다. 이들은 동성애, 낙태 등을 옹호하는 진보주의를 공산주의만큼 싫어한다.

복음주의자들은 동성애나 낙태를 옹호하는 민주당 존 케리보다는 공화당 조지 부시를 지지하지만 그다지 정치적이지는 않아 2000년 대선에서는 투표 참여율이 높지 않았다. 이들은 인종적으로 백

---

20 복음주의(福音主義, Evangelism) : 예수 그리스도의 복음을 중시하고 성경으로 돌아가자는 기독교 개혁운동을 대표하는 신학 용어. 20세기에 와서는 미국 등지에서 진보적 기독교 사상에 대항하는 보수적 기독교 사상을 '복음주의'라 부르는 신복음주의 사상이 나타났다.

인이며, 지역적으로는 중부와 남부 농업 지역에 집중적으로 분포
돼 있다.

칼 로브는 이들을 투표장으로 적극 유도하지 않는 한, 부시의 재
선이 어렵다고 판단해 2004년 대선을 보수 대 진보의 대결 구도로
만든다는 전략을 세웠다. 로브는 보수층을 결집하기 위해 동성애
와 낙태 등 도덕적 가치를 선거의 이슈로 만들었다.

우선 존 케리의 본거지인 매사추세츠에서 동성 결혼 인정 판결
이 난 것을 빌미로 삼아, 케리가 대통령이 되면 미국이 동성애자들
의 천국이 될 것이란 공포감을 보수적 기독교인들에게 퍼뜨렸다.
로브는 게이나 레즈비언 등 동성끼리 결혼하는 것을 원천적으로
금지하는 헌법 개정을 추진하는 공약을 내걸어 기독교 복음주의자
들의 환심을 샀다.

부시와 로브의 공약에 대해 진보적이거나 자유주의적인 미국인
들이 들고 일어났다.

"미국의 헌법은 자유의 확대를 위해서만 개정되어 왔지 특정 계
층의 권리를 제약하기 위해 개정된 적이 없다."

로브는 공화당이 상원과 하원의 3분의 2 이상을 차지해야 헌법
개정이 가능한데, 동성 결혼 금지나 낙태 금지 같은 보수적이며 수
구적인 가치의 개헌은 불가능하다는 것을 이미 알고 있었다. 동성
결혼 금지는 위헌이라며 리버럴한 미국인들이 목소리를 높이자,

〈표6-1〉2004년 미국 대선 결과

후보	조지 W. 부시	존 케리
정당	공화당	민주당
국민투표	62,040,610	59,028,444
득표율	50.7%	48.3%
선거인단	286	251

정치적으로 무관심했던 기독교 복음주의자들이 움직이기 시작했다. 로브의 의도대로 미국은 대선을 앞두고 동성 결혼 찬성파와 반대파로 양분됐다.

2004년 미국 대선 출구조사에서 자신을 게이나 레즈비언이라고 답변한 사람은 4%이다. 미국에서 흑인 인구가 10%이니, 동성애자들은 흑인보다 소수파다. 사회적 약자인 동성애자들의 권리를 인정해야 한다는 진보주의자들의 목소리는 컸지만 그들은 동성애자들을 위해 투표장에 결집하지 않았다. 반면 그동안 정치적으로 무관심했던 기독교 보수주의자들은 동성애와 낙태 등 도덕적 이슈에 명분을 갖고 투표장에 모여들었다.

2004년 대선 결과 부시는 선거인단에서 과반인 270표보다 16표 많은 286표를 얻어 대통령에 당선됐다. 전체 국민투표에서도 케리

종교	조지 W. 부시	존 케리
기독교 (54%)	59%	40%
가톨릭 (27%)	52%	47%
기타 종교 (9%)	24%	74%
무교 (10%)	31%	67%

에게 300만 표 차이로 이겼다. 4년 전 엘 고어에게 선거인단에서는 승리했지만 국민투표에서는 패해 정통성에 큰 손상을 입었던 상처를 기억하는 부시에게는 명실상부한 승리였다.

미국은 종교와 정치가 일치하는 재정일치 국가는 아니지만 기독교인들이 전체 인구의 80%인 기독교 국가이다. 기독교도인들은 부시에게 59%, 케리에게 40% 투표했는데 교회를 자주 가는 교인들은 부시를 더 많이 지지했다. 2004년 대선 출구조사 결과, '매주 교회에 가는 개신교 신자들'은 부시에게 68%, 케리에게 31% 투표했다. 이는 부시 대통령이 얻은 전체 득표율 51%보다 훨씬 높은 것일 뿐 아니라 성별·인종·노조 가입여부·교육 정도·소득 수준 같은 다른 기준에서는 찾아볼 수 없는 쏠림현상이었다.

로브의 전략대로 '도덕적 가치'를 선거 이슈로 내걸어 400만 복음주의자들이나 기독교 근본주의자들이 투표장에 모여들었다. 이들은 매주 교회에 가는 개신교도들로서, 부시에게 투표한 68%를 출구조사에 대입하면, 400만 명 가운데 280만 명이 부시에게 투표했다고 볼 수 있다.

칼 로브의 선거 전략이 특히 진가를 발휘한 곳은 오하이오 주였다. 오하이오 주는 전통적으로 대통령 선거의 결과를 좌우하는 지역이다. 오하이오 주의 선거인단 수는 20표. 만약 케리가 오하이오에서 승리했다면 271대 266으로 케리가 대통령이 될 수 있었다. 오하이오에서 부시는 케리보다 11만 표를 더 얻어 힘겹게 승리했다.

오하이오는 러스트 벨트 지역 가운데 한 곳이다. 굴뚝산업의 쇠퇴로 오하이오 역시 20세기 후반부터 일자리가 크게 줄어들었다. 케리는 오하이오 등 러스트 벨트 지역의 유권자들을 겨냥해 보호무역주의 공약을 내걸었다. 경제적 관점에서만 본다면 오하이오 유권자들은 케리를 지지하는 것이 마땅했다.

그러나 오하이오는 중서부 지역의 보수주의 전통이 남아있고 복음주의 기독교도의 세가 강한 곳이다. 칼 로브가 도덕적 가치를 이슈로 내세운 것은 접전지인 오하이오를 잡기 위한 맞춤형 전략이 되었다. 대선 국면에 등장한 동성 결혼 금지 헌법 개정안은 오하이오의 복음주의 기독교도들을 투표장에 줄 서게 했다.

〈표6-3〉 2004년 미국 대선에서 가장 중요한 이슈

후보	조지 W. 부시	존 케리
도덕적 가치(22%)	80%	18%
경제/일자리(20%)	18%	80%
테러리즘(19%)	86%	14%
이라크 문제(15%)	26%	73%
건강보험(8%)	23%	77%
세금(5%)	57%	43%
교육(4%)	26%	73%

오하이오 주 출구조사에서 스스로를 '백인 복음주의자'로 밝힌 유권자는 전체 투표자의 24%나 됐고, 이들이 부시 대통령을 지지한 비율이 무려 73%에 이르렀다. 도덕적 가치를 이슈로 내걸어 보수와 진보의 싸움을 의도적으로 만든 로브의 전략이 아니었다면, 부시는 오하이오 주에서 승리하지 못했을 것이다.

도덕적 가치를 선거 이슈로 내건 칼 로브 전략이 얼마나 주요했는지는 또 다른 출구조사 결과에서도 잘 나타나 있다. 유권자들은 2004년 대선에서 '도덕적 가치'가 '경제, 일자리'보다 중요한 이슈라고 답했다.

우리나라 대통령 선거에서는 아직 도덕적 가치가 일자리 창출보다 더 중요한 이슈가 된 적은 없다. 미국 역시 대부분 선거에서 경제가 가장 중요한 이슈였다. 도덕적 가치가 가장 중요한 이슈라고 답한 유권자들은 부시를 압도적으로 지지했다. 반면 경제 이슈가 가장 중요하다고 답한 유권자들은 케리를 압도적으로 지지했다. 도적적 가치를 제1 이슈로 만든 부시와 로브의 집요한 노력이 빛을 발휘했다고 평가할 수 있지만, 다른 한편으로는 경제와 일자리 창출을 제1 이슈로 만들지 못한 케리와 민주당의 전략 부재를 지적하지 않을 수 없다.

2004년 미 대선에서 미국인들은 머리가 아닌 가슴으로 투표했다. 만약 이성이 앞섰다면 이라크 전쟁에 대한 책임을 추궁하기 위해서라도 케리 후보를 지지했을 것이다. 그리고 모든 선거는 경제 선거라 할 수 있다. 실업률이 높아지고 경기가 침체되면 유권자들은 차선책으로 정권 교체를 선택한다. 그러나 보수적인 기독교인들은 공공연히 독실한 신앙심을 역설하는 부시를 위태로운 미국의 도덕적 가치관을 회복시켜줄 신의 대리인으로 선택했다.

모두의 관심이 된 '행정수도 이전'

2002년 16대 대통령 선거에서 노무현은 이회창을 이기고 정권을 재창출했다. 1987년 직선제 개헌 이후 정권 재창출 선거는 세 번 있었다. 김영삼과 박근혜가 각각 노태우와 이명박에 이어 보수 정권을 재창출했고, 노무현이 김대중에 이어 진보 정권을 재창출했다. 노무현은 김영삼과 박근혜에 비해 어렵게 정권 재창출을 했다. 노무현은 57만 표 차이로 이회창에 신승을 거뒀다.

노무현은 탁월한 승부사였다. 승부사 기질은 정몽준과의 후보 단일화와 행정수도 이전 공약에서 진가를 발휘했다. 특히 행정수도 이전은 모든 대선 이슈를 빨아들여 흔적조차 없애버리는 블랙홀이었다. 이회창은 1997년 김대중에게 패배한 뒤 절치부심(切齒腐

〈표6-4〉 2002년 대한민국 16대 대선 결과

(선거일 2002년 12월 19일, 투표율 70.8%)

후보	노무현	이회창	권영길
정당	새천년민주당	한나라당	민주노동당
득표수	12,014,277	11,443,297	957,148
득표율	48.9%	46.6%	3.9%

心)으로 두 번째 대선에 출마해 대세론을 이루었지만, 선거 막판 후보 단일화에 성공한 노무현에게 여론조사에서 밀리기 시작한다.

이회창은 재역전을 위한 마지막 승부수로 2002년 12월 8일, 7대 공약을 발표한다. 이회창은 집권 시 전 재산을 국가에 헌납하고, 본인이나 가족이 권력 비리에 연루되면 즉시 대통령직에서 물러나겠다고 약속한다. 또 한나라당의 의원들을 장관으로 기용하지 않겠다는 등의 일곱 개 정치 개혁 방안을 제시한다.

노무현은 같은 날 대전에서, 집권하면 충청권에 행정수도를 만들겠다고 밝힌다. 그는 1년 내에 행정수도 부지 선정을 끝내고 임기 안에 정부청사를 착공하겠다고 말한다. 대선을 채 열흘도 남겨놓지 않은 시점이었다. 이회창의 '7대 정치 개혁 공약'은 행정수도 이전 공약이란 블랙홀에 빨려 들어가 그후 사람들의 기억 속에서 사라진다.

이회창은 자신의 7대 정치 개혁 공약을 홍보하는 데 집중하지 못하고, 노무현의 행정수도 이전 공약을 흠집내는 데 급급했다. 이회창은 행정수도가 이전되면 수도권이 공동화되어 서울과 경기 지역의 집값이 폭락할 것이라고 주장했다.

행정수도를 충청권으로 이전하는 노무현의 공약에 대해 선거 막판까지 수도권 시민들의 여론은 찬성과 반대가 엇비슷했다. 수도권의 20, 30대는 행정수도 이전 찬성 비율이 높았고, 50대 이상은 반대하는 사람이 더 많았다. 수도권의 50대 이상은 집을 소유하고 있어서 행정수도 이전을 반대했다기보다 진보진영의 후보를 반대한 것이라 볼 수 있다.

행정수도가 이전된다고 서울의 집값이 폭락할 것이라 예상하는 전문가는 많지 않았다. 수도권 공동화나 집값 폭락보다 행정수도 이전의 긍정적 효과가 더 설득력이 있었다. 노무현은 행정수도가 이전되면 수도권에 모든 것이 집중되어 발생하는 교통 문제, 주택 문제, 지역 불균형 문제 등을 해결할 수 있다고 역설했다.

이회창은 신문광고 등을 통해 7대 정치 공약을 홍보하는 포지티브 전략을 구사하지 않고, 상대후보 공약의 문제점을 지적하는 네거티브 전략을 구사했다. 서울이 공동화될 것이라며 공포감을 조성했지만, 유권자의 절반이 살고 수도권 표심을 공략하는 것에는 결과적으로 실패했다. 상대적으로 노무현은 행정수도 이전 등 자신의 평소 소신을 밝히며 새로운 정치에 대한 이미지를 심는 데 효과적인 광고 캠페인을 전개했다.

선거일 1주일 전인 12월 12일, 한나라당은 "텅 빈 서울, 속 빈 공약"이라는 단 8글자를 신문광고의 절반을 차지하는 큰 글씨체로 노무현의 행정수도 이전 공약을 비판하는 신문광고를 냈다. 이회창은 이 광고를 통해 노무현의 '행정수도 이전'을 '서울 대란'으로 규정하며 서울 유권자들의 표심을 흔들었다.

같은 날 12일, 민주당은 '행정수도 이전' 공약을 알리는 신문광고를 게재했다. "혹세무민, 거짓말로 국민을 속이지 마십시오. 숨 막히는 서울을 세계에서 가장 살기 좋은 도시로 만들겠습니다."가 광고의 큰 제목이었다.

다음날 13일, 이회창은 판세를 뒤집기 위해 "불안한 후보, 위험한 서울"을 큰 제목으로 써서 신문광고를 내보냈다. "돈 되는 건 여기서 하고, 돈 안 되고 시끄럽고 싸움하는 것은 저 충청도로 보내자."라는 노무현의 인천 유세 내용을 인용했다. 충청도 민심을 자극해 충청도 표심을 얻기 위한 광고였다. 노무현이 충청도 민심에 자극적인 정치적 발언을 한 것은 객관적 사실이나, 이미 행정수도 이전이란 거대 공약에 만족해하고 있는 충청도민들에게 큰 상처는 되지 못했다. 그들은 행정수도가 충청도에 오면 경제적 이익을 얻을 것이라고 생각했다.

한나라당의 광고에 새천년민주당도 가만히 있지 않았다. 12월 14일 '행정수도 이전' 관련 이슈에 공격적으로 대응하기 시작했다. 이회창은 1997년 15대 대선 때, '행정수도 충청 이전'을 주장했다. 민주당은 이회창이 5년 전 한 말과 현재 '서울 사수'를 주장하는 말을 신문광고에 좌우 대칭으로 배열했다. 그리고 "어떤 말이 진짜입니까?"라는 큰 제목으로 이회창의 신뢰도를 떨어뜨리는 네거티브 광고를 게재했다.

선거일을 코앞에 두고 펼쳐진 사흘간의 신문광고 전쟁은 1주일 뒤 노무현의 승리로 끝이 났다. 이회창의 행정수도 이전에 대한 네거티브 광고 캠페인이 실패한 것이다.

미국 대선에서는 네거티브 선거 캠페인이 성공한 사례가 많다. 1964년 '데이지꽃' 선거광고는 공포를 이용한 네거티브 광고의 좋은 예이다. 1964년 미국 대선에서 현직 대통령인 민주당의 린든 존슨과 공화당의 배리 골드워터가 맞붙었다. 1962년 10월 14일 케네디가 쿠바에 대한 소련의 미사일기지 건설을 해상봉쇄 작전으로 저지시키는 데 성공했지만, 냉전시대에서 핵전쟁에 대한 불안감이 미국 국민들에게 짙게 드리워진 시절이었다.

30초짜리 '데이지꽃' 광고 내용은 이렇다. 평화로운 들판에서 데

이지꽃을 따며 꽃잎을 세는 한 소녀가 나온다. 카메라는 소녀를 클로즈업하고 갑자기 카운트다운을 하는 아나운서의 목소리가 들린다. 화면은 곧 핵폭발로 인한 버섯구름으로 뒤덮이고 존슨이 등장해 지지를 호소한다. 한 차례 방송된 이 광고에는 상대후보 골드워터에 대한 아무런 언급도 없다. 그러나 이 광고에 대해 많은 언론이 갑론을박하면서 강경보수파의 지도자였던 골드워터가 대통령이 되면 소련과 핵 갈등을 빚을 수도 있다는 암시를 유권자들에게 각인시켰다.

존슨은 데이지꽃 네거티브 광고로 대선에서 승리한 반면, 이회창은 행정수도 네거티브 광고로 재미를 보지 못했다. 두 광고 모두 공포감에 호소하는 선거 캠페인이었는데, 서울 집값 폭락은 핵전쟁만큼 공포감을 조성할 수 없었다.

선거는 기세 싸움을 벌이는 정치 전쟁이다. 이 전쟁에서 이슈라는 고지를 선점하는 후보가 승리할 가능성이 높다. 대통령 후보들은 전쟁에서 이기기 위해 수많은 이슈를 내놓는다. 그러나 그 많던 이슈들은 선거가 끝나면 대부분 유권자들의 기억 속에서 사라진다. 행정수도 이전 같은 훌륭한 이슈만이 선거라는 정글에서 살아남는다.

선거전문가들은 판세를 휘어잡는 이슈가 되려면 세 가지 조건이 필요하다고 말한다.

첫째, 이슈는 대다수 유권자들이 관심을 갖는 거대 사안이어야 한다. 둘째, 훌륭한 이슈는 찬성과 반대로 분명히 나뉘어야 한다. 셋째, 좋은 이슈는 선거에 분명히 영향을 미쳐야만 한다.

행정수도 이전 공약은 이 세 가지 조건에 딱 들어맞는 이슈였다. 수도 이전 공약은 충청도민뿐 아니라 전 국민이 관심을 갖는 이슈였다. 수도가 이전되면 작든 크든 영향을 받지 않는 국민은 없기 때문이다. 특히 충청도민이나 충청도와 연관이 있는 유권자들은 대부분 수도 이전에 긍정적인 관심을 보였고, 수도권 유권자들은 긍정과 부정이 혼재하는 관심을 보였다.

행정수도 이전에 대해 찬성과 반대를 분명히 나누게 한 것은 노무현이 아니라 이회창이었다. 이회창은 선거 막판 신문광고를 통해 '수도 이전' 공약에 대한 반대 입장을 내놓았다. 이회창이 노무현의 행정수도 이전 공약을 '훌륭한 이슈'로 만들어 준 셈이다.

반면 이회창의 7대 정치 개혁 공약은 찬반이 분명하게 나누어지지 않아 훌륭한 이슈가 되지 못했다. 전 재산을 국가에 헌납하고 본인이나 가족이 권력 비리에 연루되면 즉시 대통령직에서 물러나겠다고 약속한 이회창의 공약에 대해 노무현이 굳이 반대할 이유가 없기 때문이다.

결국 행정수도 이전 공약은 선거에 영향을 미치는 좋은 이슈가 됐다. 노무현이 행정수도 이전 공약 때문에 대통령이 됐다고 단언할 수는 없지만, 적어도 이회창의 7대 공약처럼 선거판에 아무 의미 없는 이슈가 되지는 않았다.

보수가 선택한 '경제 민주화'

2012년 대한민국 대통령 선거에서 진보진영 유권자들은 박근혜를 선택하지 않았다. 그 이유는 크게 세 가지라 생각한다.

첫째, 1987년 직선제 개헌 이후 전두환의 민정당에 뿌리를 둔 정당 후보에게 도저히 붓두껍이 가지 않았기 때문이다. 둘째, 박근혜는 아버지 박정희 못지않게 독재 정치를 할 것이라 생각했기 때문이다. 굳이 부녀 사이를 비교하면 박정희는 개발 독재라는 일부 긍정적 면이 있지만, 박근혜는 구중심처(九重深處)에 있는 여왕처럼 무능한 독재를 할 것이라 예상됐다. 그나마 불행 중 다행이라면 박근혜는 아버지 박정희처럼 18년 독재를 할 수 없다는 점이었다. 그러나 진보진영 유권자들은 문재인이 박근혜를 이기는 것은 만만치 않을 것이라 생각했다. 박근혜에게는 박정희 향수병에 걸린 강력한 지지층이 있기 때문이었다.

대통령 직선제가 부활된 뒤, 언젠가 대통령이 될 가능성이 높은 정치적 강자는 세 사람이었다. 김영삼, 김대중, 박근혜. 이들을 지지하는 대한민국 유권자들은 각각 이들에게 뭔가 말로 표현하기 어려운 정치적 빚이 있다고 느꼈다. 국민들 마음속의 정치적 빚은 결국 이들 3인을 대통령으로 만드는 표심으로 연결됐다. 언론은 한때 '3김 정치'라고 부르며 김영삼, 김대중, 김종필을 정치 강자 3인으로 묘사했지만, 김종필은 충청권 맹주에 불과했다. 김종필이 지역 맹주에 그친 이유는 오로지 박정희 때문이다. 박정희는 종신 대통령을 꿈꾸었기 때문에 후계자를 염두에 두지 않았다. 박정희 개발 독재에 대한 향수를 갖고 있는 유권자들은 박정희 후계자는 김종필이 아니라 박근혜라 생각했다.

박근혜의 또 하나의 강점은 결혼을 하지 않아 자식이 없다는 점이다. 정치 강자 김영삼, 김대중은 대통령 임기 말년에 아들 문제로 대국민 사과를 해야만 했다.

플라톤은 《국가론》에서 가장 이상적인 지도자를 '철인(哲人)왕'이라고 했다. 철학자 겸 통치자인 철인왕은, 일체의 개인적인 것을 포기해야 하는데, 사유재산은 물론이고 부인과 자식도 공유해야 한다는 것이다. 박근혜에게는 철인왕에게 요구되는 철학이 없

〈표6-5〉 2012년 대한민국 대선 결과

후보	박근혜	문재인
정당	새누리당	민주통합당
득표수	15,773,128	14,692,632
득표율	51.8%	48%

었다. 그러나 박근혜는 자식도 없었다. 자식이 없는 상황은 국가와 결혼해 멸사봉공(滅私奉公)할 수 있다는 환상을 상당수 국민들에게 심어주었다. 아버지 박정희와 어머니 육영수가 나랏일을 하다 총탄으로 숨진 것을 대다수 노년층은 박근혜에 대한 빚이라고 여겼다.

18대 대통령 선거 결과 박근혜는 문재인에게 108만 표 차이로 승리했다. 문재인은 경제활동 인구의 대다수를 차지하고 있는 20, 30, 40대에서 이기고도 50대 이상에서 져 대선에서 패배했다. 대선 전 선거전문가들은 투표율 75%가 넘으면 문재인이 당선될 가능성이 높다고 예측했다. 선거 결과 투표율이 75.8%가 나왔지만 문재인은 패배했다. 젊은 층이 이전 대통령 선거보다 투표장에 많이 나왔는데, 50대 이상 장년층과 노년층은 그보다 더 많이 나왔기 때문이었다. 50대의 투표율이 90% 가까이 나온 것은 경이로운 일이었다. 아

<표6-6> 2012년 대한민국 대선 연령별 투표율과 득표율

연령별 투표율	박근혜	문재인
20대 (65.2%)	33.7%	65.8%
30대 (72.5%)	33.1%	65.5%
40대 (78.7%)	44.1%	55.6%
50대 (89.9%)	62.5%	37.4%
60대 이상 (78.8%)	72.3%	27.5%

파서 투표장에 나올 수 없는 사람을 빼고 모든 50대가 투표장에 나왔다는 얘기다. 50대는 박근혜에게 436만 표, 문재인에게 261만 표를 던져 두 후보의 표 차이는 175만 표가 났다. 50대가 두 후보의 전체 표 차이 108만 표를 제외하고도 67만 표를 박근혜에게 더 준 것이다.

2012년 대선 당시 50대들은 30, 40대 때 김대중과 노무현을 대통령으로 만든 세대이다. 대한민국 헌정사상 첫 수평적 정권 교체와 함께 진보 정권 10년을 만들었던 이들은 왜 독재자 박정희의 딸을 지지했을까? 1972년 11월 21일 유신헌법에 대한 국민투표가 실시되어 투표율 92.9%에 찬성 91.5%로 확정됐을 때, 이들은 대부분

10대 청춘이었다. 이 청춘들이 암울한 70년대를 살면서 민주주의를 송두리째 앗아간 유신독재에 박수를 보내지는 않았을 것이다.

50대가 투표장에 대거 나와 박근혜를 선택한 이유는, 이들이 나이가 들면서 보수화되었기 때문이다. 명예퇴직을 이미 했거나 곧 사회에서 퇴장할 나이가 되면서 50대는 불안감 속에서 진보보다 보수를 선택하게 된다. 물론 나이가 들면서 보수화됐다는 것만으로 2012년 대선에서 50대의 투표 행태를 설명하기는 어렵다. 박근혜를 지지한 50대의 62.5%가 모두 이데올로기 스펙트럼에서 보수에 위치해 있다고 말하기도 어렵다. 박근혜를 지지한 50대 가운데 상당수는 이념적으로 중도에 위치한 사람들이다. 다시 말해 50대 중도층이 대거 투표장에 나와 박근혜를 지지한 것이라 볼 수 있다. 50대 중도층은 왜 진보 후보가 아닌 보수 후보를 선택했을까?

이 질문에 대한 답은 박근혜의 대표 공약인 경제민주화에서 찾을 수 있다. 경제민주화 이슈는 그동안 진보정당이나 시민사회단체들이 요구했던 사안이다. 경제민주화는 공정거래법을 위반한 기업에 대한 징벌적 배상제나 재벌총수 일가의 부당 내부거래 금지 등 기업이나 자본가에게 불리한 내용을 담고 있다. 보수정당은 그동안 기업들에게 세금 혜택 등 날개를 달아주며 경제 성장을 유도하는 정책을 펴왔다. 경제 개발 계획 등으로 경제 성장을 추구했던 개발 독재 박정희의 딸이 경제민주화와 같은 사회주의적 요소가 가미된 공약을 간판으로 내건 것은 어울리지 않은 옷을 입은 것과 같았다. 그러나 박근혜의 경제민주화는 중도진영과 부동층의 표심을 흔들었다.

선거는 유권자의 표를 더 많이 얻는 사람이 이기는 전쟁이다. 이 전쟁에서 이길 수 있는 대표적인 전략은 두 가지다. 하나는 자신의 지지층을 결집해 투표장에 나오게 하는 것이고, 다른 하나는 중도진영과 부동층의 표를 흡수하는 것이다. 지지층을 결집하는 것은 집토끼를 모두 깨워 투표장에 나오게 하는 전략이고, 중도진영을 흡수하겠다는 것은 산토끼를 잡겠다는 전략이다.

부시와 트럼프는 각각 '도덕적 가치'와 '보호무역 장벽'이란 이슈를 만들어 집토끼인 백인 보수층을 결집하는 데 성공했다. 반면 박근혜의 경제민주화는 산토끼를 잡아 선서에서 이기겠다는 전략이었다. 박근혜는 40%에 가까운 보수진영의 집토끼를 차지하고 있었지만, 후보 단일화에 성공한 진보 후보를 이기기 위해선 중도진영에 살고 있는 산토끼의 표가 필요했다.

보수 후보 박근혜는 경제민주화 이슈를 선점해 자기 것으로 만들었다. 선거의 여왕답게 대선에서 이기는 방법을 동물적 본능으로 알고 있었다. 2012년 대선은 2007년 대선보다 투표율이 10%포인트 넘게 급등하며 보수와 진보 양진영의 집토끼들이 대거 투표장으로 결집한 건곤일척(乾坤一擲)의 선거 전쟁이었다. 경제민주화 이슈를 선점하는 데 성공하지 못했다면 박근혜의 승리는 쉽지 않았을 것이다.

CHAPTER 7

역사를 바꾼
정권
교체 선거

정직한 모사꾼 노예를 해방하다

빌 클린턴을 대통령으로 만든 정치 참모 딕 모리스Dick Morris는 그의
저서 《파워게임의 법칙(Power Plays)》에서 에이브러햄 링컨을 '정직
한 모사꾼'이라고 평가했다. 링컨은 흑인 노예를 해방시켜 미국뿐
아니라 전 세계 어린이들이 존경하는 위인 중 한 사람이다. 딕 모리
스는 링컨의 노예 해방 이슈가 적을 분열시켜 대통령 자리를 차지
하는 데 이용됐다고 주장하고 있다. 공화당의 링컨은 민주당 집권
8년 만에 정권 교체를 이루었는데, 노예 해방 이슈를 전면에 내세
워 민주당을 분당시키는 데 성공했다는 얘기다.

1860년 4월 23일, 미국 민주당은 대통령 후보를 지명하기 위한
전당대회를 열었다. 민주당은 1828년 이후 32년 중 24년 동안 집권

해왔다. 그에 비해 공화당은 4년 전인 1856년에 창당해 대통령을 배출해본 경험이 없는 신생 정당이었다. 민주당이 갑작스럽게 둘로 쪼개지는 어처구니없는 사태만 일어나지 않는다면, 공화당을 이기고 정권을 재창출할 것으로 예상됐다.

그러나 그 어처구니없는 사태가 발생했다. 전당대회 이틀 전 조지아, 앨라배마, 미시시피, 루이지애나, 플로리다, 사우스캐롤라이나, 아칸소, 텍사스 등 남부 8개 주가 민주당 지도부에 노예제를 지지하는 내용의 강령 채택을 요구했다. 만약 노예제 지지 강령을 채택하지 않으면 탈당도 불사하겠다고 위협했다.

민주당 대통령 후보로 지명된 스티븐 A. 더글러스Stephen A. Douglas는 노예제에 대해 중도적인 입장을 가지고 있었다. 더글러스는 미국이 서부로 영토를 확장하면서 새로 주가 생기면, 그 지역의 주민들이 노예제를 허용할 것인지 금지할 것인지를 자체적으로 결정해야 한다고 주장했다. 민주당 지도부가 노예제에 대해 더글러스의 주장을 받아들이자 남부 8개 주의 대의원들은 전당대회장을 나가버렸다. 노예제에 대한 미묘한 입장 차이로 민주당이 분당하게 된 것이다.

민주당 대통령 후보 더글러스는 노예제를 반대하는 사람이 아니었다. 당시 미국은 노예제를 반대하는 북부의 자유주(free state)와 노예제를 지지하는 남부의 노예주(slave state)로 국론이 분열돼 있었다. 더글러스는 자유주와 노예주가 공존하는 현 상태를 유지하자는 입장이었다. 남부 8개 주는 노예제를 강력하게 지지하는 민주당 대통령 후보를 원해 민주당에서 뛰쳐 나와 별도의 남부민주당을 만들었다. 남부민주당은 현직 부통령으로 노예제를 강력하게 찬성하는 존 브레킨리지John Breckinridge를 대통령 후보로 지명했다.

민주당이 북부민주당과 남부민주당으로 분열하면서 공화당은 어부지리(漁父之利)의 기회를 얻게 된다. 공화당 대통령 후보로 지명된 링컨은 이 상태로 11월 선거일까지 가면 승리할 것이라 확신했다. 신생 정당인 공화당 내에 몇몇 불안 요소들이 있었지만, 링컨은 잘 관리할 수 있다고 자신했다.

1860년 11월 6일 선거 결과 링컨이 대통령에 당선됐다. 유권자 10명 가운데 4명이 링컨을 지지했지만 상대당인 민주당의 분열로 대통령이 될 수 있었다. 링컨은 더글러스가 유일하게 승리한 뉴저지를 제외한 북부 모든 주의 선거인단을 차지했다. 분열된 민주당은 더글러스와 브레킨리지가 각각 30%와 18%를 득표했다. 민주당 후보 두 사람이 얻은 득표율 48%는 공화당 링컨보다 8%포인트나 많았다.

당시 노예제를 놓고 남부와 북부의 갈등이 얼마나 심각했는지가 1860년 대선 결과에 잘 나타나 있다. 공화당 후보인 링컨은 남부에서 표를 거의 얻지 못했다. 링컨은 앨라배마, 아칸소, 플로리다, 조지아, 루이지애나, 미시시피, 노스캐롤라이나, 테네시, 텍사스에서

〈표7-1〉1860년 미국 대선 결과

후보	링컨	더글러스	브레킨리지	벨
정당	공화당	북부민주당	남부민주당	입헌통일당
득표수	1,865,908	1,380,202	848,019	590,901
득표율	39.8%	29.5%	18.1%	12.6%
선거인단	180	12	72	39
승리한 주	17	1	11	3

한 표도 얻지 못했다.

링컨은 민주당을 꺾기 위해 이들을 어떻게 분열시켰나?

링컨은 대통령이 되기 2년 전 일리노이 연방 상원의원에 출마했다. 상대후보는 훗날 민주당 대통령 후보가 된 더글러스였다. 링컨은 더글러스에게 패해 상원의원이 되지 못했지만, 더글러스와의 논쟁을 통해 대통령으로 가는 길을 닦아놓았다.

1858년 링컨-더글러스 논쟁은 세기가 두 번 바뀌어도 역사에 기억되는 명장면이다. 두 사람의 논쟁은 '미국 학생 디베이트(debate) 대회'의 한 전형이 되었다. 두 사람은 상원의원 자리를 놓고 7번에 걸쳐 논쟁을 펼쳤는데, 한 사람이 30분 발제를 하면 다른 사람이 90

분 반박을 하고 다시 발제를 한 사람이 60분 재반박을 하는 방식으로 논쟁을 펼쳤다.

링컨은 논쟁을 통해 더글러스의 노예제에 대한 입장을 분명히 하도록 유도했다. 링컨이 먼저 노예제는 윤리적, 사회적, 정치적 측면에서 잘못된 것이라고 말한 뒤, 더글러스는 노예제를 지지하는 쪽과 반대하는 쪽을 모두 끌어들이는 양다리 걸치기를 하고 있다고 지적했다.

더글러스는 노예를 부리고 있지 않았지만 노예제를 비난하지 않았다. 더글러스는 노예주인 남부의 지지 없이 민주당 대선후보가 될 수 없다는 것을 잘 알고 있었기 때문이다. 그러나 링컨이 계속해서 노예제에 대한 입장 표명을 요구하자 응답하지 않을 수 없었다.

링컨 – 더글러스 논쟁은 대통령 선거 논쟁이 아닌 일리노이 상원의원 논쟁이었다. 일리노이는 19세기 초부터 노예제가 불법화되어 있었다. 더글러스는 상원의원이 되려면 노예제를 찬성하는 답변을 할 수 없다는 것을 잘 알고 있었다. 결국 링컨은 더글러스에게 드레드 스콧 판결에 대한 입장을 요구했다.

드레드 스콧Dred Scott은 미주리 출신의 미국 육군 군의관 존 에머슨 John Emerson 소유의 노예였다. 군인인 에머슨은 일리노이, 위스콘신 등 새로운 부임지로 옮겨갈 때마다 스콧을 데리고 다녔다. 에머슨이 죽자 스콧은 미주리로 돌아왔는데, 노예제가 불법인 일리노이와 위스콘신에서 살았으므로 자신은 노예가 아니라는 소송을 제기했다.

연방 대법원은 7대 2로 스콧이 노예라고 판결했다. 재판장 토니는 "노예 제도를 금지하는 일리노이의 법은, 스콧이 노예주인 미주리로 되돌아온 순간 그에게 효력을 상실한다."고 주장했다. 또한 "위스콘신에서 적용된 법은 그것이 미국 수정 헌법 제5조를 침해한다는 점에서 위헌이기 때문에 효력이 없다."고 밝혔다. 미국 수정 헌법 제5조는, 정부가 개인의 생명, 자유 및 자산을 적절한 법의 절차에 의하지 아니하고는 박탈하지 못한다는 내용이다. 따라서 노예는 명백히 '자산'이라는 것이었다. 이 판결에 대해 노예제를 혐오하는 북부 자유주의 백인들이 크게 반발했다.

더글러스는 드레드 스콧 판결이 온당치 않다는 취지의 답변을 해 링컨을 꺾고 일리노이의 상원의원이 됐지만, 그로부터 2년 뒤 대통령 선거에서 링컨에 패배했다.

더글러스는 기존 남부의 노예제는 인정했지만, 영토 확장으로 미국 연방에 새로 가입되는 주는 그 주민들이 노예제에 대한 찬반을 결정할 수 있다는 입장을 계속 유지했다. 민주당의 텃밭인 남부의 노예주들은 더글러스를 노예제의 확산을 방해하는 인물로 규정했다. 민주당 내부에서 노예제에 찬동하는 극단주의자들은 더글러스를 공화당으로 보내야 한다고 주장했다. 결국 노예제에 목숨을 건 이들은 더글러스를 민주당 대통령 후보로 받아들이지 않고 당을 분열시켜 링컨의 당선을 도와준 셈이 됐다.

민주당 소속 더글러스는 남북전쟁이 발발하자 정치적 라이벌이었던 공화당의 링컨을 도와준다.

"나는 민주당이고 공화당인 링컨을 거부했으나 나라가 망하는 것을 방관할 수 없다."

더글러스는 링컨의 의용군을 모집하기 위해 동분서주하다 남북전쟁이 일어나고 몇 주 만에 과로로 사망한다. 더글러스는 노예제에 대해 찬성도 반대도 아닌 리버럴한 입장을 취하다 민주당 텃밭을 잃고 대선에서 패배했다. 그러나 새롭게 연방에 편입되는 주의 주민이 노예제 찬반 여부를 결정할 수 있다는 더글러스의 '주민 주권' 사상은 그가 죽은 뒤에도 연방제를 통한 민주주의가 뿌리내리는 데 밑거름이 됐다.

링컨이 노예제를 대통령이 되기 수단으로 활용했다는 일부 학자들의 주장은 일면 일리가 있지만 그런 논리로 링컨의 위대함이 폄훼돼서는 안 될 것이다. 링컨은 남북전쟁에서 승리한 뒤 수정 헌법 13조[21]를 통과시키며 노예제를 폐지한다.

21　수정 헌법 13조 : "어떠한 노예 제도나 강제 노역도, 해당자가 정식으로 기소되어 판결로서 확정된 형벌이 아닌 이상, 미합중국과 그 사법권이 관할하는 영역 내에서 존재할 수 없다."

링컨이 모사꾼 정치인이 아니고 위대한 지도자로 역사에 남은 이유는, 대통령이 되는 과정보다 남북전쟁 과정에서 드러난다. 남북전쟁이 수년에 걸쳐 계속되자 남부연합군은 링컨에게 평화를 제의한다. 남부연합군의 휴전과 같은 평화 제의를 받아들이면 남부에서 노예제는 계속 유지가 되는 것이다. 링컨이 평범한 지도자였다면 수많은 젊은이들이 전쟁터에서 죽어가는 현실에서 남부연합군과 휴전을 선택했을 것이다. 아마 그렇게 됐다면 링컨은 암살당하지 않고 천수를 누렸을지 모르지만 노예 해방은 2차 남북전쟁을 치르고서나 가능한 일이 됐을 것이다.

역사가 진보한다고 믿는 사람은 그 역사를 통해 인간의 자유와 평등이 확대된다는 것을 확신한다. 링컨이 정권 교체를 하지 못했다면, 노예 해방도 오바마 같은 흑인 대통령 탄생도 좀 더디게 인류에게 다가왔을 것이다.

지체장애인, 대공황을 극복하다

남북전쟁 이후 대공황까지 70년 동안 미국은 링컨의 공화당이 민주당에 비해 압도적인 비율로 정권을 차지했다. 공화당은 에이브러햄 링컨, 앤드루 존슨Andrew Johnson, 율리시스 그랜트Ulysses S. Grant, 러더포드 헤이즈Rutherford Hayes, 제임스 가필드James Garfiled, 체스터 아서Chester A. Arther, 벤저민 해리슨Benjanmin Harrison, 윌리엄 매킨리William McKinley, 시어도어 루스벨트, 윌리엄 하워드 태프트William Howard Taft, 워런 하딩Warren Harding, 캘빈 쿨리지Calvin Coolidge, 허버트 후버Herbert Hoover 등 13명의 대통령을 배출한 반면, 민주당은 그로버 클리브랜드Grover Cleveland, 우드로 윌슨Woodrow Wilson 등 단 2명의 대통령을 배출했다.

이 시기 미국의 정당 시스템은 1.5 정당 시스템이라 할 수 있다.

대선을 통한 정권 교체가 장기간 이루어지 않아 공화당이 1이라면 민주당은 0.5에 불과했다. 1.5 정당 시스템은 일본의 정당 시스템을 일컫는 말인데, 일본 자민당은 1955년 이후 국회 양원에서 과반수 의석을 차지하며 1993년까지 장기 집권을 이어나갔다. 이 시기의 자민당은 의회 내 절대 과반수 의석을 차지했고, 일본 사회당은 자민당 의석의 2분의 1 수준을 유지했다.

남북전쟁 이후 70년 동안 미국의 정치 운동장은 공화당 쪽으로 심하게 기울어졌다. 이는 링컨의 공화당이 경쟁력 있는 대통령 후보를 계속해서 내며 정권 재창출에 성공했다고 볼 수 있다. 그러나 구조적으로는 이 시기 공화당이 승자독식 방식의 미국 대선 시스템의 수혜자가 되었다고 볼 수 있다. 남북전쟁 이후 북부는 공화당, 남부는 민주당을 경향적으로 지지했는데, 인구가 많은 북부의 주가 남부의 주보다 4배 이상 많은 선거인단 수를 갖고 있었다. 1928년 공화당의 후버가 대통령이 될 때 북부에서는 뉴욕 45, 펜실베이니아 38, 일리노이 29, 오하이오 24 등 선거인단 20명이 넘는 빅 스테이트가 4곳이나 됐다. 반면 남부는 텍사스 주가 유일하게 20명의 선거인단을 확보하고 있었다.

이 시기 민주당은 뉴욕 등 북부에서 지지를 얻지 못하면 대선에서 구조적으로 이길 수 없었다. 1929년 대공황이 발발하고 3년 뒤 여름, 공화당과 민주당은 대선후보를 결정하기 위한 전당대회를 열었다. 공화당은 현직 대통령인 허버트 후버를 다시 대선후보로 지명하는 것 외에 대안이 없었다. 민주당의 대선후보로 북부 뉴욕 출신의 프랭클린 루스벨트가 가장 유력했지만, 전당대회 3주 전까지 경선이 초박빙이라는 신문보도가 나왔다. 〈월스트리트저널〉은 기업에 우호적이지 않은 루스벨트 뉴욕 주지사가 표심을 잃어 민주당 경선이 혼전 양상을 보이자 증시가 강세를 보였다고 보도했다.

뉴욕 증시는 루스벨트가 대통령이 된다면 증시에 호재가 아니라 악재가 될 것으로 봤다. 공화당은 유권자들이 대공황의 책임을 현후버 정부에 전적으로 돌리지 않을 것이란 희망을 갖고 있었다. 공화당과 기업을 지지하는 보수 언론은 진보주의자인 루스벨트가 대통령이 되면 금융시장이 더 요동을 칠 것이라고 겁을 주었다. 그러나 훗날 밝혀진 일이지만 민주당이 루스벨트를 대선후보로 지명하고 며칠 뒤 주식 시장은 바닥을 쳤다.

1929년 증시 폭락으로 시작된 대공황으로 1932년 대선 당시 1,300만 명의 실업자들이 길거리로 쏟아져 나왔다. 실업률은 25%에 달했고, 빈부 격차는 극에 달했다. 서민과 실업자들은 3년 넘게 계속되는 불황에 진저리를 치고 있었기 때문에 '못살겠다. 갈아보자!'라는 심리가 팽배했다.

대선이 점점 다가오자 공화당과 보수 논객들은 루스벨트를 사회

〈표7-2〉 1932년 미국 대선 결과

후보	프랭클린 루스벨트	허버트 후버
정당	민주당	공화당
고향	뉴욕	캘리포니아
득표수	22,821,277	15,761,254
득표율	57.4%	39.7%
선거인단	472	59
승리한 지역	42개 주	6개 주

주의자나 공산주의자라고 비난했다. 후버는 루스벨트가 내건 '뉴딜 정책'을 실업자들이나 서민들을 유혹하는 선심성 정책이라고 매도했다. 공화당은 정부 개입을 줄이고 시장에 맡기는 자유방임 경제 정책을 유지하고 있었다. 이에 반해 민주당의 뉴딜정책은 정부 개입을 확대하고 고삐 풀린 자본을 규제해 대공황의 위기를 극복하겠다는 의지가 담겨 있었다.

1932년 여름까지 박빙의 대결이 예상됐지만 11월 대선 결과 루스벨트가 압도적으로 현직 대통령 후버를 제압했다. 루스벨트는 후버보다 700만 표를 더 얻었고, 미연방 48개 주 가운데 42개 주에서 승리했다.

루스벨트는 1921년 39세의 나이에 급작스레 심한 척수성 소아마비를 앓은 후 하반신 불구가 되는 고통을 겪었다. 심각한 장애로 7년에 걸쳐 재활치료를 받았지만 휠체어에 의지하지 않을 수 없었다. 장애를 극복하고 대통령이 된 루스벨트의 정신력과 의지는 훗날 위인전에 실려 후세에 귀감이 되고 있지만, 그는 대선 유세 당시 휠체어를 탄 모습을 대중에게 될 수 있으면 보이지 않았다. 텔레비전이 아직 나오지 않은 시대였기 때문에 미국 국민들은 동영상이 아닌 신문 사진 등을 통해 루스벨트의 모습을 접했다.

루스벨트는 사진 기자들 앞에서 항상 활기차게 웃는 모습을 보였다. 일부 논객들은 뉴욕 허드슨 강 주변 대지주의 아들로 태어난 루스벨트를 머리에 콘텐츠가 없는 그저 쾌활한 정치인이라고 비아냥거렸다. 반면 후버는 사진기자 앞에서 늘 점잖은 포즈를 취했다. 일찍 아버지를 여의고 독학으로 스탠포드대학을 나온 뒤 광산 개발로 큰돈을 번 뒤에도 매사에 진지한 그의 성품은 변하지 않았다. 유권자들은 암울한 대공황 시기에 진지한 표정을 짓는 후보보다 밝게 웃는 후보에게 끌렸다.

루스벨트는 백악관에 입성한 뒤에도 휠체어 탄 모습으로 사진을 찍는 것을 피했다. 그는 자신감 넘치는 모습으로 사진을 찍었다. 텔레비전에 앞서 라디오가 미국 가정집에 보급되었던 시기, 루스벨트는 대통령 취임 8일 뒤 라디오에 나와 국민들에게 직접 그의 뜻

을 전달했다. 언론은 루스벨트의 라디오 연설을 노변정담(爐邊情談)
이라고 불렀다. '난롯가에서 나누는 정다운 이야기(Fireside chat)'란
뜻이었다. 그의 라디오 연설은 대통령이 국민들에게 전하는 격식
차린 담화문이 아니라, 옆집 쌀가게 아저씨가 이러쿵저러쿵 말하
는 식이었다.

라디오 연설에서 그는 공황을 극복할 수 있게 뉴딜정책에 힘을
모아달라고 부탁했다. 루스벨트는 자신이 약속한 것을 지켰다. 그
는 일자리를 제공하기 위해 대대적인 공공사업을 일으켰다. 또한
은퇴자연금, 실업보험, 장애자 급여, 빈곤층 급여 등 사회보장제도
를 만들었으며, 소득세, 법인세, 상속세 등을 대폭 인상했다.

국민과 함께 대공황을 극복한 루스벨트는 2차 세계대전에 참전
해 연합국의 승리를 이끈다. 그리고 그는 미국 역사상 처음이자 마
지막으로 4선 대통령이 된다.

민주주의와 정권 교체

칼 포퍼Karl Popper는 《열린사회와 그의 적들(The Open Society and Its Enemies)》에서 정권 교체에 대해 이렇게 언급했다.

"우리는 두 가지 형태의 정부를 구별할 수 있다. 첫 번째 형태는 시민이 피를 흘리지 않고 정권을 교체할 수 있는 정부이다. 예를 들어 국민의 직접 선거를 통해 교체할 수 있는 정권. 다시 말해, 사회 제도는 통치자가 피통치자에 의하여 교체될 수 있는 수단을 제공하고, 사회 전통은 권력을 가진 자들에 의해 쉽게 파괴되지 않도록 보장한다. 두 번째 형태는 피통치자가 성공적인 혁명에 의하지 않고는 통치자를 제거할 수 없는 정권으로 구성된다.

나는 첫 번째 형태의 정권에 대하여 '민주주의'라는 용어를 이름표로 붙이고, 두 번째 형태의 정권에 대해 '독재 정치'라는 용어를 이름표로 붙이기를 제안한다."

칼 포퍼의 주장을 요약하면 '다수의 국민이 마음을 먹었을 때 정권을 평화적으로 교체할 수 있으면, 그 나라는 민주주의 국가다.'라는 것이다. 반대로 혁명에 의하지 않고는 대통령 등 통치자를 제거할 수 없는 정권은 독재 정치 국가가 된다.

오스트리아 출신의 포퍼는 나치의 탄압을 피해 1937년에 뉴질랜드로 갔고, 거기서 《열린사회와 그의 적들》을 집필했다. 그가 말하는 '열린사회'는 민주주의 제도로 운영되는 사회이며, 전체주의에 대립되는 개인주의 사회다. 포퍼는 플라톤, 헤겔, 마르크스 등의 역사적 결정주의가 인류를 '닫힌 사회'로 이끌었다고 비판했다. 과학적 공산주의 이론가인 마르크스를 비판한 공로로 포퍼는 2차 세계대전 이후 냉전 시대에 영국과 미국 등 자본주의 진영에서 인기스타 학자가 된다.

《열린사회와 그의 적들》은 한국의 반공보수 논객들이 공산주의를 비판할 때 즐겨 인용하는 교과서 같은 책이다. 그러나 포퍼는 나치와 같은 파시즘을 비판하기 위해 이 책을 썼다. 파시즘은 극우사상으로, 이념적으로 공산주의의 정반대 편에 서 있다. 따라서 자유

민주주의를 지키기 위한 수단 가운데 하나로 삼아야 할 반공을, 독재 정권을 유지하기 위한 도구로 삼은 독재자들 역시 '열린사회와 민주주의의 적'이다.

칼 포퍼의 두 가지 형태의 정부 정의에 따르면, 해방 이후 우리나라에서 독재 정치를 한 통치자는 이승만과 박정희가 된다.

이승만은 1960년 3·15 부정선거를 통해 4선 대통령에 당선됐다. 그리고 선거가 끝나고 한 달 뒤 4·19혁명에 의해 통치자의 자리에서 제거된다. 이승만은 4번 모두 선거라는 민주적인 절차에 의해 대통령이 된다. 초대 대통령이 될 때만 제헌의회에서 간선제로 선출됐고, 나머지 세 번은 국민 직선제를 통해 대통령이 됐다.

그런데 왜 시민들은 혁명을 통해 이승만을 제거했을까? 포퍼의 주장에 따르면, 당시 다수의 시민들은 자유당 정권을 평화적인 선거를 통해 교체할 수 없다고 판단했다고 볼 수 있다. 3·15 부정선거는 이승만의 당선을 위해 저질러진 것이 아니다. 이승만은 야당 후보 조병옥이 선거 전에 죽었기 때문에 대통령 당선은 '따 놓은 당상'이었다. 집권 여당인 자유당은 부통령 후보 이기붕의 당선을 위해 부정선거를 저질렀다. 이승만이 80세가 넘은 고령이라 언제 죽을지 몰라 정권 차원에서 행정조직을 동원해 부정선거를 기획한 것이다. 이승만이 임기 중 유고됐을 때, 부통령이 야당 소속이라면 자연스럽게 정권 교체가 되기 때문이었다. 이승만과 자유당이 선거를 통한 평화적인 정권 교체를 허락했다면 시민이 피를 흘리는 4·19혁명은 일어나지 않았을 것이다.

해방 이후 초대 대통령이라고 무조건 국부(國父)가 될 수 없는 이유가 여기에 있다. 친일파에 뿌리를 두고 있는 일부 보수 정치인이나 언론이 이승만을 국부로 만들기 위해 노력하고 있으나 헛된 수고가 될 뿐이다. 백 년이 지나고 천 년이 지나도 독재자는 독재자로 기록될 뿐이다. 역사를 청사(靑史)라고 부르는 이유는 시퍼렇게 살아 있어서 영원히 시들지 않기 때문이다.

박정희는 이승만보다 독재 기간이 더 길다. 이승만은 1948년에서 1960년까지 12년 동안 대통령으로 재임했고, 박정희는 1961년 5·16쿠데타에서 1979년까지 18년 동안 통치자로 군림했다. 박정희는 이승만보다 독재의 양(量)이 좋지 않은 것은 물론 독재의 질(質)도 좋지 않다.

박정희는 유신 독재 헌법을 통과시킨 뒤 통일주체국민회의라는 거수기 단체를 만들어 종신 대통령을 꿈꾸었다. 이승만 역시 종신 대통령을 꿈꾸었지만 유신헌법이나 통일주체국민회의 같은 반(反)민주적인 법과 제도를 만들지는 않았다.

박정희는 이승만보다 끝이 좋지 않았다. 박정희는 자신의 최측근에 의해 암살되는 비극을 맞았다. 당시 정권은 야당 총재 김영삼의 의원직을 제명해 부산과 마산에서 큰 항쟁이 일어났다. 박정희가 암살되지 않았다면, 부마항쟁의 열기가 서울까지 올라와 대한민국이 4·19보다 큰 소용돌이에 휩싸였을 것이다.

전두환은 12·12쿠데타와 광주 학살을 저지르고 체육관 선거를 통해 스스로 대통령이 됐다. 쿠데타 공모자인 노태우를 체육관에서 대통령으로 만들어 퇴임 후를 보장 받으려고 했지만 1987년 6월 항쟁에 굴복하고 말았다.

이승만, 박정희, 전두환은 다수의 국민이 마음을 먹었을 때, 정권을 평화적으로 교체할 수 있는 대통령이 아닌 독재자들이었다.

인류의 역사는 자유와 평등을 동시에 추구하면서 발달해왔다. 해방 이후 역사의 발전을 믿는 시민들은 자유와 평등 그리고 민주주의를 위해 4·19혁명, 광주민주화항쟁, 6월 항쟁에 앞장섰다. 역사의 발전으로 2017년 대한민국 국민들은 피를 흘리지 않고 현직 대통령을 파면에 이르게 했다. 국민의 피의 대가로 이루어진 실체적 민주화는 박근혜로 하여금 아버지 박정희가 했듯 촛불집회와 같은 시민들의 저항에 대해 계엄령을 선포하지 못하게 했다. 시민들 역시 직선제를 통해 정권을 평화적으로 교체할 수 있다는 믿음을 갖고 촛불시위를 평화적으로 이끌었다. 후대의 역사가들은 대통령 탄핵 정국에 펼쳐진 시민들의 성숙한 촛불시위가 우리 민주주의 역사 발전 과정에 의미 있는 이정표를 마련했다고 평가할 것이다.

맺음말

1987년 직선제 개헌 이후 6번의 대통령 선거에서 나는 좌고우면(左顧右眄)하지 않았다. 진보진영에서 지지율이 높은 사람을 선택했기 때문이다. 한 번의 예외는 2002년 대선에서였는데, 어차피 진보진영의 참패가 예상되는 선거였기에, 이 기회에 진짜 진보정당 후보에게 표를 한번 행사하고 싶었기 때문이었다. 5번의 대선에서 나는 차선의 선택이자 차악의 선택으로 진보 1당 후보에게 표를 던졌다. 대선이 보수진영과 진보진영의 유권자들도 플레이어(player)로 참여하는 스포츠 경기라면, 나는 2승 4패를 기록했다고 볼 수 있겠다.

과욕을 부리지 않는다면 나이가 드는 것은 편안해지는 장점이 있다. 스물네 살 때 처음 참여한 대선에서 군사정권이 연장되는 결과를 보며, 절망과 분노로 얼마나 많은 밤을 불안 속에 보냈던가! 하지만 마흔아홉 살 때 독재자의 딸이 대통령이 되었지만, 전전반측(輾轉反側)은 하룻밤이면 충분했다. 선거를 통해 정치 권력이 교체되는 민주주의 과정을 지난 30년간 경험했기 때문이다. 독재자의 딸도 아버지처럼 오래도록 대통령의 자리에 머물고 싶었겠지만, 시민의 피와 눈물로 세운 민주주의를 무너뜨릴 수는 없었다.

우리 5,000년 역사 가운데 민주주의 역사는 30년에 불과하다. 안정만을 희구하는 보수는 민주주의를 불안한 시선으로 바라보고 있다. 인간의 영혼이 불안하듯 인류가 만든 민주주의도 늘 불안하다. 5년마다 대통령이 바뀌고 10년마다 정권이 바뀌는 지난 30년도 불안한 민주주의 시대였다. 세상에 완벽한 제도가 없듯이 민주주의도 완벽하지 않다. 그러나 민주주의 공화정은 인류가 경험한 정치 체제 가운데 차선의 제도라 할 수 있다.

우리 역사에서 가장 위대한 지도자 세종은 32년을 집권했다. "세종 이도의 치하에서 30년 함포고복(含哺鼓腹)하며 살겠냐? 아니면 무능한 대통령이 5년마다 바뀌는 불안한 30년을 살겠냐?"고 묻는다면, 나는 서슴지 않고 불안한 30년을 선택할 것이다. 왕정(王政)의 배부른 신민(臣民)보다, 공화정(共和政)의 배고픈 시민(市民)이 훨씬 낫다고 믿기 때문이다.

2017년 5월 9일, 대한민국 국민들은 직선제 개헌 이후 일곱 번째 대통령을 선택한다. 진보 대통령이 선택되면 정권 교체, 보수 대통령이 선택되면 정권 연장이다.

이명박, 박근혜 정권 10년. 서민 경제는 도탄에 빠졌고, 외교 안보는 햇볕정책 시절보다 국민을 불안케 하고 있다. 정권 교체에 대한 시민들의 열망이 그 어느 때보다 높지만 낙관은 금물이다. 반공을 수단으로 한 한국의 보수는 남북통일이 되기 전까지는 어떤 형태로든 맹위를 떨칠 것이다. 보수건 진보건 패배에 크게 절망할 필요는 없다. 5년 뒤 시민의 힘으로 평화적으로 정권을 교체할 수 있지 않은가!

그래도 2승 5패가 되는 것은 행복이 아니라 우울한 일이다. 그래서 탄핵이 확정되기 전 불안했듯, 대선을 앞둔 지금 이 순간도 불안하다. 불안한 해직기자 시절 힘이 돼주었던 고대 그리스의 역사학자 투키디데스Thucydides의 말을 다시 떠올려 본다.

"행복의 비밀은 자유이며, 자유의 비밀은 오직 용기일 뿐이다."